RÉPERTOIRE

DRAMATIQUE

DES AUTEURS CONTEMPORAINS.

N. 289.

Théâtre du Cirque-Olympique.

LE CHEVAL DU DIABLE,

DRAME FANTASTIQUE EN 5 ACTES ET 14 TABLEAUX.

50 CENTIMES.

PARIS.

Chez l'ÉDITEUR du RÉPERTOIRE DRAMATIQUE ;
34, Boulevart du Temple,

Et chez TRESSE, successeur de J.-N. BARBA, Palais-Royal.

1845.

RÉPERTOIRE
DRAMATIQUE
DES AUTEURS CONTEMPORAINS.

N. 289.

Théâtre du Cirque-Olympique.

LE CHEVAL DU DIABLE
DRAME FANTASTIQUE EN 5 ACTES ET 14 TABLEAUX.

50 centimes.

PARIS.
Chez l'Éditeur du RÉPERTOIRE DRAMATIQUE,
36, Boulevart du Temple,
[illegible] TRESSE, successeur de J.-N. Barba, Palais-Royal.

1845.

LE

CHEVAL DU DIABLE

DRAME FANTASTIQUE EN 5 ACTES ET 15 TABLEAUX, AVEC PROLOGUE,

DE M. V. DE SAINT-HILAIRE,

Représenté à Paris, sur le théâtre national du Cirque-Olympique, le 3 février 1846.

LA MUSIQUE EST DE M. FRANCASTEL, LE BALLET DE M. LAURENT, LES DÉCORATIONS DE MM. THIERY, MARTIN, WAGNER ET DERCHY, LES MACHINES DE M. SACRÉ.

DISTRIBUTION :

BAUDOUIN-A-LA-HACHE, comte de Flandre........... M. GAUTHIER.
ODYLE, sa fille........... Mlle MATHILDE.
JEANNE MARTENS........... Mme GAUTHIER.
ULRICK, son fils........... M. EDM. GALAND.
NIOCELLE, fiancée d'Ulrick.. Mme LAURENT.
RICHARD, fils naturel de Baudouin........... M. HENRY.
CLAES, page........... Mme SOPHIE.
DJINA la Bohémienne........... Mme WSANNAZ.
MATHIAS BROWER, grand justicier........... M. DUPUIS.
FRIDOLIN........... M. LEBEL.
ZAMBA, fou muet du comte de Flandre........... M. DUCROW.
LE CHEF DES HUISSIERS.... M. WILLIAMS.
LE ROI D'ARMES........... M. DOLBEL.
L'ECUYER DE BAUDOUIN.... M. ADAM.
LE CHEVALIER DE BLANCHE CROIX........... M. HILLIER.
UN BOURGEOIS DE COLOGNE M. MARTIN.
L'EMPEREUR D'ALLEMAGNE M. BEAULIEU.
JACOBS, le bourreau........... M. ARNOLD.
MACAIRE, matelot........... M. THÉOL.
HAN D'ISLANDE........... M. VIZENTINI.
L'ERMITE D'ENGADDI........ M. PATONNELLE.
PETIT-JEAN, jeune pâtre.... Mme LAUDIER.
PREMIER AGA........... M. BARBIER.
IBRAHIM........... M. VIZENTINI.
LE CHEF DES IMANS........ M. SALLERIN.
SATAN........... M. ARNOLD.
DAME MATHURINE.......... Mme MÉCHIN.
PREMIER BOHÉMIEN......... M. THÉOL.

GARÇONS MEUNIERS, PAYSANS, PAYSANNES, CHEVALIERS, ÉCUYERS, PAGES, DAMES ET DEMOISELLES DE LA COUR, FOUS, BOURGEOIS ET BOURGEOISES, HOMMES D'ARMES, HÉRAUTS, HALLEBARDIERS, PEUPLE, AIDES TOURMENTEURS, OURS BLANCS, MAMELUCKS, AGAS, NÈGRES, GUERRIERS, MUSULMANS, ICOGLANS, DANSEURS, BAYADÈRES, ESCLAVES, PÈLERINS, DIABLES ET DAMNÉES.

(La scène se passe en 1120.)

NOTA. — Le cheval Zisco a été dressé par M. Hillier, un des plus habiles écuyers du Cirque-Olympique.

PROLOGUE.

Premier tableau.

LE MOULIN DE SAINT-DONAT.

Le théâtre représente l'intérieur du Moulin de Saint-Donat. Le fond est divisé en deux parties. Celle de droite est fermée par une porte à plusieurs brisures, avec vitrage enchâssé dans du plomb; quand cette porte s'ouvre, on aperçoit la campagne et d'autres habitations du village. Dans la partie de gauche sont deux meules et toute la mécanique; la roue motrice est à l'extérieur et hors la vue du public. A droite, une petite fenêtre et une porte donnant dans l'écurie. A gauche, au premier plan, une grande cheminée, sous le manteau de laquelle peuvent tenir plusieurs personnes assises. Entre l'entrée du fond et la mécanique, contre un pillier, plusieurs sacs remplis de farine. Plus loin que la cheminée, même côté, une porte communiquant au reste de l'habitation, çà et là des sièges de bois.

1846

SCÈNE I.

JEANNE MARTENS, NIOCELLE, ULRICK, FRIDOLIN, CLAES, RICHARD, GARÇONS MEUNIERS, PAYSANS et PAYSANNES.

(Au lever du rideau, on est réuni au Moulin pour la veillée. La mécanique est encore en mouvement. Des garçons soutiennent des sacs qui s'emplissent au bas des meules; d'autres chargent ces sacs sur les ânes et les chevaux, qu'on amène dans le fond; sur le devant, les femmes et les filles sont réunies en cercle, autour de la petite table; Jeanne et Niocelle sont les plus rapprochées du foyer. Sous le manteau, est assis, dans un grand fauteuil, maître Fridolin, qui lit dans un gros livre; derrière lui est Claes, qui lui chatouille le front avec un brin de paille. Richard dirige le travail des garçons dans le fond. Ulrick, seul, debout à droite, les bras croisés, semble regarder cette scène si simple avec dégoût et mépris.)

CHOEUR.

Achevons gaîment la veillée
Au joyeux tictac du moulin,
Au bal, sous la verte feuillée,
Nous irons tous danser demain.
Demain le plaisir nous appelle
A la noce de Niocelle
Avec Ulrick, son beau cousin.
Bon Saint-Donat, veille sur elle,
Et que d'Ulrick le cœur fidèle
Mérite son heureux destin!

RICHARD.

Là... fermez les vannes, garçons... Tout notre monde est servi, et le moulin pourra chômer demain, sans faire tort à personne, pour le mariage de mon bon frère Ulrick... (A Jeanne.) N'est-ce pas, mère?

JEANNE MARTENS.

Sans doute, sans doute, assez de travail; au plaisir maintenant... Eh bien! Ulrick, que fais-tu donc là, à nous regarder tous ainsi?.. On dirait que tu rêves tout éveillé... Qu'as-tu donc, mon enfant?

ULRICK.

Moi?.. rien... je réfléchis.

JEANNE MARTENS.

A quoi? au bonheur qui t'attend demain?.. mais cela ne devrait pas te donner l'air triste.

ULRICK.

Aussi, n'est-ce pas à cela que je songeais.

JEANNE MARTENS.

Mais...

NIOCELLE, bas.

Ne le tourmentez pas... il est encore dans ses humeurs noires. Quand nous serons mariés, je tâcherai de le guérir de ces tristesses là... (Haut.) Voyons, qu'allons-nous faire pour terminer la veillée?

FRIDOLIN.

Si vous voulez, je vous lirai une légende de mon gros livre... justement, j'en tiens là une superbe: le *Cheval du Diable*!

NIOCELLE.

Encore des sorcelleries et des diableries... Et puis après, on ne peut plus dormir sans faire des rêves épouvantables... Non, non, autre chose.

RICHARD.

Que ne chantes-tu une ballade, petite cousine? Tu sais que nous avons toujours grand plaisir à t'entendre... et je suis sûr qu'Ulrick aussi aimera mieux ça... N'est-ce pas frère?

ULRICK.

Moi?.. ça m'est égal.

NIOCELLE.

Qu'il est gentil!.. (A Jeanne.) Décidément, il est malade ce soir... (Aux autres.) Quelle ballade voulez-vous?.. Dites, et je chanterai.

RICHARD, s'appuyant sur sa chaise.

Eh bien! chante la plus nouvelle, celle de Baudouin-à-la-Hache... Elle doit intéresser tout le monde ici, puisque c'est l'histoire du souverain qui nous gouverne, et qui a délivré notre belle Flandre de l'oppression des nobles et du pillage des Malandrins.

FRIDOLIN.

Ce qui l'a fait nommer aussi par le peuple Baudouin-le-Justicier... Beau surnom pour un prince, surtout quand il est mérité... Va, petite, nous t'écoutons.

NIOCELLE.

(Musique de M. Schneitzhoeffer).

Pour conquérir une gloire immortelle,
Baudouin, un jour, saisissant son drapeau,
S'en va combattre et punir l'infidèle,
Qui du Seigneur outrage le tombeau.
Dès qu'il est loin, hélas! la pauvre Flandre,
Sur ses enfans voit fondre le malheur!
Ses pleurs, ses cris, il ne peut les entendre;
Qui donc, grand Dieu! finira sa douleur?

REFRAIN.

Méchant, tremblez! il revient implacable,
Il va compter vos crimes, nos affronts!
Tremblez! sa hache redoutable
Se lève sur vos fronts!

DEUXIÈME COUPLET.

Oui, le voilà! respire pauvre Flandre,
Le ciel enfin a pitié de tes maux.
L'espoir, la paix, Baudouin va te les rendre,
Et loin de toi chasser tous les fléaux.
Dès qu'il paraît, c'est l'oppresseur qui tremble;
De l'opprimé toujours il est l'appui;
Dans sa justice, à Dieu même il ressemble;
Il est partout et voit tout comme lui!

REFRAIN.

Méchants, fuyez! car il est inflexible,
L'arrêt porté, nul n'échappe à ses coups.
Fuyez! car sa hache terrible
Va se lever sur vous!

FRIDOLIN.

Le fait est que notre Seigneur Comte, depuis

son retour de la croisade, porte toujours à son côté une hache fraîchement émoulue... si bien que quand le bourreau n'est pas là, il fait lui-même justice... Et voilà d'où lui vient le surnom de Beaudouin-à-la-Hache... c'est ce que dit le troisième couplet.

CLAES.

Eh bien ! si le troisième couplet le dit, pourquoi, nous le dire, vous, vieux bavard ?

FRIDOLIN.

Hein ! drôle ! qu'est-ce que c'est ?

CLAES.

C'est vrai ça, il nous coupe notre satisfaction.. et avec une voix de pintade encore !.. C'est égal, Mam'zelle, chantez toujours, ça nous remettra... (On entend la cloche du couvre-feu.) Allons, bon, il n'est plus temps !.. v'là le couvre feu.

(Toutes les femmes se lèvent.)

CHŒUR.

Sans plus tarder, quittons ce lieu.
Que chacun rentre en sa demeure,
Séparons-nous, car voici l'heure,
L'heure du couvre-feu !

(Tous les voisins et voisines se retirent, après avoir allumé leurs lanternes.)

SCÈNE II.

ULRICK, RICHARD, JEANNE MARTENS, NIOCELLE, FRIDOLIN, CLAES, Garçons Meuniers.

JEANNE MARTENS, à Niocelle.

Maintenant, ma fille, tu vas aller tout préparer pour le souper.

FRIDOLIN.

Ah ! oui, à propos... j'aime encore mieux ça qu'une ballade, moi... d'autant plus que j'ai une faim !..

RICHARD.

Oh ! notre digne précepteur à toujours bon appétit.

FRIDOLIN.

Mais oui, grâce à Dieu !..

JEANNE MARTENS, à Ulrick et à Richard.

Quant à vous, mes enfans, il faut penser à notre festin de demain. Notre vivier est vide ; le temps est beau, allez-vous-en ensemble à la pêche aux flambeaux.

ULRICK.

J'irai bien seul, ma mère.

JEANNE MARTENS.

Non, non, quand vous allez ensemble, vous réussissez toujours mieux... Oh ! décidément, Richard est plus heureux que toi.

ULRICK.

Oui, je le sais bien... toujours plus heureux... et sans doute aussi plus adroit ? Eh bien ! qu'il aille donc sans moi alors... Aussi bien, je suis fatigué... je souffre !

(Il prend un siége et s'assied avec humeur.)

RICHARD.

Pauvre frère ! c'est jouer de malheur, une veille de noce !.. (A Claes, en lui tirant l'oreille.) Et toi, petit fainéant, viens-tu ?

FRIDOLIN.

C'est ça, tire, tire fort... il mérite correction... c'est un mauvais sujet, un propre à rien.

ULRICK.

Claes est à mon service. Je l'ai chargé du soin de l'écurie, et du moment que j'en suis content, moi, personne ici n'a droit de lui rien dire, et encore moins de le maltraiter.

RICHARD, lâchant l'oreille de Claes.

Ne te fâche pas, frère, ne te fâche pas.

CLAES, à Ulrick.

Merci, maître.

(Il fait la nique à Fridolin, et sort par la porte de droite.)

RICHARD, à Jeanne, lui montrant Ulrick.

Qu'a-t-il donc ? Je ne l'ai pas encore vu d'une humeur pareille.

JEANNE MARTENS, bas.

Laisse-moi avec lui... (Haut.) Va, mon enfant, bonne chance !

(Il sort suivi des garçons, munis de tous les ustensiles nécessaires pour la pêche.)

NIOCELLE, bas, à Jeanne, en montrant Ulrick.

Ne le grondez pas trop.

(Elle sort par la gauche.)

SCÈNE III.

ULRICK, JEANNE MARTENS, FRIDOLIN.

(Fridolin a pris place près du feu, et ne tarde pas à s'endormir sur son gros livre. Jeanne a reconduit Richard jusqu'à la porte et la referme sur lui ; puis elle revient près d'Ulrick, qui est resté assis et pensif dans son coin, et le regarde un moment en silence.)

JEANNE MARTENS, prenant sa main.

Mon fils, écoute-moi.

ULRICK, se levant.

Je vous écoute, ma mère.

JEANNE MARTENS.

Ulrick, tu n'aimes pas ton frère.

ULRICK.

Non.

JEANNE MARTENS.

Pourquoi ?

ULRICK.

Parce que vous l'aimez trop, vous, ma mère.

JEANNE MARTENS.

Insensé !.. je l'aime trop... plus que toi, peut-être ?

ULRICK.

Peut-être.

JEANNE MARTENS.

Ulrick, tu es injuste et ingrat... Qu'ai-je donc fait pour lui, que je n'aie fait pour toi ?.. Quand par le conseil du vénérable abbé de Saint-Donat, ton père se décida à consacrer une petite succession qu'il venait de faire à l'éducation de Richard, n'ai-je pas obtenu que les leçons de maître Fridolin, fussent partagées entre vous deux ?

ULRICK.

C'est vrai, et je vous en remercie.

JEANNE MARTENS.

Il faut, avait dit encore l'abbé, que Richard soit, au besoin, propre au métier des armes. Un des plus braves cavaliers de Flandre fut appelé alors, et comme Richard encore, tu profitas de ses leçons.

ULRICK.

C'est vrai.

JEANNE MARTENS.

Eh bien !

ULRICK.

Eh bien !.. pourquoi cette éducation pour d'obscurs vassaux, pour les fils d'un meûnier ?.. Tenez, ma mère, il y a dans tout ceci un secret que vous ne voulez pas m'apprendre, mais que je finirai par découvrir.

JEANNE MARTENS.

Un secret ?

ULRICK.

Richard... oui, je le sens là, Richard n'est pas mon frère !

JEANNE MARTENS.

N'es-tu donc pas mon fils, toi ?

ULRICK.

Moi, oh ! si fait... et j'en bénis le ciel, car je vous aime de toutes les forces de mon âme !.. Mais Richard...

JEANNE MARTENS.

Richard nous a été donné par Dieu comme toi... nous l'avons élevé et aimé comme toi... Lui a-t-on épargné la fatigue ? N'est-il pas chargé des travaux les plus pénibles du moulin ? Et s'est-il jamais plaint, s'est-il montré jaloux, lui ? A-t-il jamais porté ses vœux plus haut que notre modeste fortune, comme ?..

ULRICK.

Comme moi ?

JEANNE MARTENS.

Eh bien ! oui, comme toi... car tu es ambitieux, mon pauvre Ulrick, et tu rougis maintenant de l'état de ton père.

ULRICK.

Je n'en rougis pas, mais si je ne devais jamais viser plus haut, pourquoi ces leçons, pourquoi ?...

JEANNE MARTENS.

C'est vrai, oui, je le vois bien à présent, j'ai eu tort de vouloir tout cela pour toi.

ULRICK.

Tort de le vouloir pour moi, mais pas pour lui, n'est-ce pas ? Vous voyez donc bien, ma mère, que vous avez un secret, que vous me taisez !

JEANNE MARTENS.

Et quand cela serait, si un serment me lie, si ce secret n'est pas le mien, pourquoi chercher à le pénétrer ?

ULRICK.

Et Richard le sait-il, lui ?

JEANNE MARTENS.

Richard ignore tout, et il est content de son sort.

ULRICK.

Oui, il n'a pas de cœur.

JEANNE MARTENS.

Ah ! c'est affreux ce que tu dis là !.. Pas de cœur, lui !.. Il en a eu assez pourtant pour exposer sa vie et te sauver, quand tu allais périr, l'an dernier, sous les glaces.

ULRICK.

Et si je voulais mourir, moi !

JEANNE MARTENS.

Mourir !.. mais tu es fou !.. mourir, quand le sort le plus heureux se prépare pour toi.

ULRICK.

Le plus heureux ?

JEANNE MARTENS.

N'aimes-tu donc plus Niocelle ?

ULRICK.

Si ma mère, je l'aime... je l'aime à l'idolâtrie, et c'est pour elle surtout que je voudrais une grande et noble fortune !

JEANNE MARTENS.

Pour elle, qu'en a-t-elle besoin ?.. Tu sais bien quels riches et brillans partis elle a refusés pour toi... jusqu'au fils de Mathias Brower, le grand justicier.

ULRICK.

Un chevalier, oui, un chevalier qui a répondu à ses refus par l'insulte, et que je n'ai pu punir, moi, parce que je ne suis qu'un misérable vassal!.. Oh! mais cela changera, ma mère, cela changera, j'en réponds, ou je périrai!

JEANNE MARTENS.

Tais-toi, tais-toi... on vient... Voyons, chasse toutes ces idées, qui t'attristent et te rendent injuste... Ne vise qu'où Dieu te permet d'atteindre... et entre l'amour de l'ange qu'il te donne et la tendresse d'une mère dévouée, tu verras qu'il peut encore y avoir assez de bonheur pour toi au vieux Moulin de Saint-Donat.

SCÈNE IV.

ULRICK, JEANNE MARTENS, FRIDOLIN, NIOCELLE, puis RICHARD.

(Niocelle entre avec une servante, qui l'aide à porter une table toute servie, et sur laquelle il y a cinq couverts.)

NIOCELLE.

J'apporte la table, parce que nous avons vu de loin revenir Richard. (A Fridolin endormi.) Eh bien! maître, est-ce que vous ne soupez pas?

FRIDOLIN, se réveillant en sursaut.

Qui est-ce qui dit qu'on ne soupe pas? C'est ce petit enragé de Claes, sans doute... il aura tout mangé, le vorace!

NIOCELLE.

Mais non, c'est que vous dormiez.

FRIDOLIN.

Du tout, je lisais.

NIOCELLE.

Vous lisiez, les yeux fermés.

FRIDOLIN.

Alors je rêvais que je lisais... Ça revient au même.

NIOCELLE.

Eh bien! si ça revient au même, rendormez-vous, et vous pourrez rêver que vous soupez.

FRIDOLIN.

Espiègle!.. Dieu! la bonne soupe aux choux!

(Richard paraît en ce moment avec les garçons qui portent le poisson.)

RICHARD.

Nous voilà, mère, et il était temps, car un orage terrible se prépare.

JEANNE MARTENS.

Quelle pêche magnifique! (Aux garçons.) Allez mettre tout ça dans le vivier!

ULRICK, à part.

Il n'est pas mon frère... mais qu'est-il donc?

NIOCELLE.

Allons, à table... Eh bien! Ulrick, tu ne viens pas?

ULRICK.

Si fait, me voilà.

NIOCELLE.

Mon Dieu! tu as encore l'air triste... Est-ce que tu souffres toujours?

ULRICK.

Oui... toujours.

RICHARD.

C'est l'impatience d'être à demain, pas autre chose, j'en suis sûr... Le fait est que demain, oh! demain, il sera le plus heureux des hommes!

FRIDOLIN.

Oui, certainement... Mangeons la soupe.

(Jeanne Martens sert à chacun une assiette de soupe aux choux. A ce moment on frappe à la porte du fond. Il fait des éclairs et il tonne.)

SCÈNE V.

LES MÊMES, DJINA, la bohémienne.

DJINA, en dehors.

Ouvrez, par grâce et donnez-moi gîte pour cette nuit.

ULRICK.

Je reconnais cette voix... c'est celle de Djina, la bohémienne.

FRIDOLIN.

Une bohémienne, une sorcière!.. N'ouvrez pas alors, elle nous jetterait des sorts, et ferait tourner la soupe aux choux!

NIOCELLE.

Le fait est que c'est depuis qu'Ulrick l'a vue à la dernière kermesse, qu'il est devenu si triste... Elle lui en a peut-être jeté un... Non, non, n'ouvrons pas.

ULRICK.

Comment, toi aussi, Niocelle, tu aurais le cœur de laisser une pauvre vieille femme dehors par le temps affreux qu'il fait?

NIOCELLE.

Mais, dame, c'est pour toi.

ULRICK, se levant.

Oh! pour moi, sois tranquille, si malheur m'arrive, ce n'est pas d'elle qu'il me viendra.

(Il va ouvrir. Djina entre en secouant la vieille couverture, rayée de noir, qui lui sert de manteau.)

DJINA, à Ulrick.

Merci, mon enfant, merci.

ULRICK, lui donnant un siége.

Tenez, mettez-vous là près du feu, bonne femme, et mangez une assiettée de soupe, ça vous réchauffera.

DJINA.

Non, un morceau de pain seulement... et pour payer mon écot et votre bonne hospitalité, je vous conterai une petite historiette, et je vous dirai à tous votre bonne aventure... Voici d'abord l'historiette, telle que je l'ai entendue moi-même en Thuringe, d'où j'arrive à présent.

JEANNE MARTENS.

En Thuringe!

DJINA.

Il y a de ça vingt-et-un ans environ. Baudouin-à-la-Hache n'était pas encore votre maître et seigneur; son père régnait. Il n'était alors lui qu'un jeune et beau cavalier, ressemblant de taille et de tournure... à maître Richard, tenez.

ULRICK.

Comment?

DJINA.

De votre âge à tous deux, et comme tous deux ayant le cœur ardent et tendre. Il y avait, à la même époque, à la cour de Cologne, une jeune princesse d'une beauté incomparable, fille du prince Albert de Thuringe.

JEANNE MARTENS, à part.

Encore...

DJINA.

Beaudouin n'eut pas plutôt vu la ravissante Yolande de Thuringe... c'était le nom de la princesse... N'en avez-vous jamais entendu parler, dame Martens?

JEANNE MARTENS, sèchement.

Jamais.

DJINA.

C'est étonnant... Baudouin, n'écoutant que son amour, et malgré la haine invétérée qui divisait les deux familles, se décida à demander la main d'Yolande à son père. Cette demande fut repoussée avec mépris; et dans son désespoir, après avoir fait remettre à sa bien-aimée une lettre d'adieux, écrite avec son sang, et un anneau, gage de son éternelle foi, Baudouin partit pour la Terre-Sainte, d'où il ne revint que longtemps après, pour être couronné Prince, comte de Flandre.

FRIDOLIN.

Voilà le premier mot que j'entends de tout ça, moi, qui en ma qualité de savant, devrais tout savoir... C'est fort étrange!.. Imaginez-vous... Passez-moi le jambon.

DJINA.

Quelques mois après le départ de Baudouin, la princesse reconnut avec effroi qu'elle allait bientôt devenir mère. Furieux de voir ainsi flétrir l'honneur de sa race, Albert de Thuringe voulut d'abord tuer sa fille; enfin, il lui fit grâce, mais à condition qu'elle disparaîtrait du monde, et irait cacher sa honte dans un cloître, au fond de l'Angleterre. Quant à l'enfant, Albert ordonna impitoyablement sa mort.

JEANNE MARTENS.

Votre histoire est fausse, bonne femme, car tout le monde sait que la princesse de Thuringe est morte elle-même, à l'époque dont vous parlez.

DJINA.

Oui, je sais, comme tout le monde, qu'on a répandu le bruit de sa mort et qu'on lui a fait même de magnifiques funérailles; mais ce que je dis ici n'en est pas moins la vérité.

ULRICK.

Poursuivez, poursuivez... et ne l'interrompez plus, vous, ma mère... j'ai hâte de connaître la fin de l'aventure.

DJINA.

Au moment d'exécuter l'ordre terrible du prince son maître, le misérable qui s'en était chargé, fut ému par les cris du jeune enfant, et au lieu de le mettre à mort, il l'emporta loin de la Thuringe... jusqu'aux environs de Saint-Donat, m'a-t-on dit... C'était le pays de cet homme...

ULRICK.

Ensuite, ensuite?

DJINA.

Il demanda alors conseil à l'abbé de Saint-Donat, qui seul fut mis dans le secret, et d'après ses avis, il déposa, un soir, l'enfant... à la porte... d'un des moulins, construits sur les bords de votre petite rivière... Je n'ai pu apprendre au juste lequel... Quant au terrible Albert de Thuringe, il a cru heureusement que l'enfant n'existait plus. Baudouin, de son côté, lui, n'a jamais su qu'il eût existé, et se croyant libre, il s'est marié à une nièce de l'empereur d'Allemagne, qui ne lui a donné qu'une fille, que vous appelez aujourd'hui la perle de Flandre.

JEANNE MARTENS.

Est-ce tout?

DJINA.

Oui, tout ce que je sais en ce moment.

FRIDOLIN.

Ainsi, nous aurions dans ce voisinage quelque pauvre garçon de moulin qui, sans qu'il s'en doute, serait de race souveraine, et pourrait un jour devenir notre maître à tous... Eh bien! mais pour un conte bleu, ça n'est pas trop mal arrangé... seulement ça manque tout-à-fait de vraisemblance.

RICHARD, riant.

Pourquoi donc maître? Il y a dans votre gros livre bien des histoires aussi extraordinaires que celle-là... Qui sait? c'est peut-être Ulrick qui est de souche royale.

ULRICK.

Oh! si c'était moi!..

FRIDOLIN, à Richard.

Lui! allons donc! toi encore, je ne dis pas.

JEANNE MARTENS, se levant avec impatience.

Eh! mon Dieu! pas plus l'un que l'autre.

Laissons là toutes ces folies, et allons nous reposer, il est temps!

(Les servantes enlèvent la table et les siéges.)

DJINA.

Mais je n'ai pas encore payé toute ma dette... et la bonne aventure donc !.. A vous, Jeanne Martens.

JEANNE MARTENS.

Le secret de l'avenir est le secret de Dieu, je ne veux pas le savoir avant le temps.

DJINA.

Soit... A vous donc, maître Richard.

RICHARD.

Moi, je refuse aussi. Je suis content de mon sort, je n'ai pas d'ambition, j'aime le travail, je ne crains pas le danger, et j'irai tranquillement où Dieu voudra me conduire.

JEANNE MARTENS, bas à Ulrick.

Tu l'as entendu ?

ULRICK, de même.

Oui, ma mère.

DJINA.

Ah ! ça mais, je ne pourrai donc m'acquitter avec personne ici... Pas même avec vous, gentille fiancée?

(Niocelle hésite.)

ULRICK.

Je veux qu'elle vous écoute, moi. Puisque je l'épouse demain, une même fortune nous attend... et je désire la connaître.

NIOCELLE, tendant sa main à Djina.

Tenez donc... mais ce n'est pas pour moi au moins... c'est pour lui !.. (Bas.) Tâchez que ce soit du bonheur !

DJINA, après avoir étudié quelque temps les signes de la main.

C'est étonnant !

NIOCELLE.

Quoi donc?..

DJINA.

Pas un trouble, pas un nuage... une existence toujours calme, humble, modeste... le travail, les joies paisibles de la famille... Pas d'honneurs, pas de richesses, mais de longues années d'un bonheur tranquille.

NIOCELLE.

Avec lui?

DJINA.

Sans doute, avec lui.

NIOCELLE.

Oh ! merci, merci, je ne veux rien de plus.

ULRICK, ironiquement.

Il faudrait être bien difficile, en effet, pour ne pas se contenter d'un sort pareil? (A Djina qui se tourne vers lui et veut prendre sa main.) Pour moi, c'est inutile, puisque la même destinée nous attend.

JEANNE MARTENS.

Sans doute... Allons, allons, retirons-nous, il est temps... Richard conduira cette femme dans la grange.

ULRICK.

Non, je m'en charge, moi.

JEANNE MARTENS.

Soit... (Bas, à Ulrick.) Tu fermeras bien la porte... Avec ces sortes de gens, on ne saurait trop se garder. (Lui tendant la main.) Tu me boudes?

ULRICK, portant sa main à ses lèvres.

O ma mère !

(Richard, Fridolin, Jeanne Martens et Niocelle sortent par la gauche ; Ulrick fait mine de se disposer à sortir avec Djina par la droite.)

SCÈNE VI.

ULRICK, DJINA.

ULRICK, s'arrêtant.

Restons ici.

DJINA.

Oh ! j'ai bien compris que tu ne voulais pas m'entendre devant témoins... A présent que nous sommes seuls, tu ne repousses plus les secours de ma science. Je m'y attendais ; voyons donc ta main.

ULRICK.

Non, ce n'est pas ma destinée que je veux connaître, c'est celle de Richard.

DJINA.

Ah ! oui, je conçois... ce n'est pas l'ambition seule qui te fait souffrir... tu es jaloux aussi de ton frère.

ULRICK.

Mon frère !.. mais tu sais bien qu'il ne l'est pas.

DJINA.

Oui, je le sais... mais qui te l'a dit, à toi?

ULRICK.

Ma haine.

DJINA, avec un sourire infernal.

Ah ! tu le hais?

ULRICK.

Oui !.. L'enfant... l'enfant de Baudouin, c'est bien lui, n'est-ce pas?

DJINA.

C'est lui.

ULRICK.

Et le secret de sa naissance?

DJINA.

Il éclatera bientôt.

ULRICK.

Comment?

DJINA.

Yolande, sa mère, toujours enfermée dans le couvent dont elle est devenue la supérieure, a été instruite de tout par l'agent du prince de Thuringe lui-même ; mais tant que ce prince a vécu, il a fallu cacher avec soin l'existence de Richard, car il l'aurait inpitoyablement sacrifié à sa vengeance. Albert vient de mourir enfin, et désormais, délivrée de ses terreurs, Yolande a fait partir en toute hâte un des plus vaillans chevaliers d'Angleterre, pour venir recevoir des mains de l'abbé de Saint-Donat, le fils de Baudouin, et le conduire aussitôt à son père.

ULRICK.

Et tout cela est bien vrai?

DJINA.

Tout cela est vrai... Quelques jours encore, et Richard sera reconnu.

ULRICK.

Oui, du plus noble sang!.. Chevalier... prince ensuite. Et il pourra combattre, lui, venger ses affronts, se couvrir de gloire!.. tandis que moi... Malédiction!.. moi, plus brave, plus noble que lui par le cœur, je boirai la honte, je subirai l'outrage... je vivrai et mourrai en ignoble valsal!..

DJINA.

Toi?.. si tu le voulais bien, tu serais avant peu autant et plus même que Richard!

ULRICK.

Que veux-tu dire?

DJINA.

As-tu du courage?

ULRICK.

Ah! s'il ne fallait que cela!..

DJINA.

Sacrifierais-tu quelques années de ta vie pour que ce qui t'en resterait s'écoulât dans la gloire et les grandeurs?

ULRICK.

Ah! cent fois oui!

DJINA.

Es-tu bien décidé?

ULRICK.

Oui, te dis-je.

DJINA.

Donne-moi donc ta main.

ULRICK.

La voilà.

Aussitôt qu'elle tient sa main, la lampe qui est sur la cheminée s'éteint. On entend le bruit lointain du tonnerre. La nuit la plus profonde règne sur le théâtre et dans la salle.)

DJINA, qu'on ne voit plus.

C'est bien... ta main ne tremble pas.. Tu n'a pas peur?

ULRICK.

Je n'ai qu'une crainte, celle de ne pas réussir.

DJINA.

A merveille! je vois que tu ne seras pas au-dessous du sort brillant qui se prépare pour toi!

ULRICK.

Que se passe-t-il donc?

DJINA.

C'est la fortune qui t'arrive.

Deuxième tableau.

(A ce moment, la clarté reparaît, et sans qu'on ait pu apercevoir aucun mouvement ni entendre aucun bruit de machines, le moulin se trouve transformé en une écurie infernale, où l'on voit le cheval du diable et les palefreniers qui le soignent. Un page diabolique tient à la main un petit mors enrichi de pierreries, suspendu à une chaîne d'or. Un des palefreniers tient une housse de peau de tigre, à griffes d'argent, et dont les rayures noires sont très apparentes.)

SCÈNE I.

LES MÊMES.

ULRICK.

Où sommes-nous?

DJINA.

Dans l'écurie de Satan, et voilà Zisco, son cheval. Tout homme qui ose appeler à lui ce merveilleux coursier, peut aspirer à tout. Son premier maître a été Mahomet, le prophète. Il a depuis, reparu plusieurs fois sur terre, pour conduire d'autres ambitieux à la plus brillante fortune.

ULRICK.

Oh! je ne voudrais, moi, qu'être chevalier, noble comme Richard, avoir droit de combattre, de m'illustrer par mon courage, et revenir ensuite enrichir ma bonne mère et Niocelle, mes seules amours!

DJINA.

On est toujours libre de borner ses vœux: on renvoie le cheval alors, et tout est fini.

ULRICK.

Et pour devenir maître de ce cheval, il faut?..

DJINA, au page.

Approche, Claes.

ULRICK.

Claes... mais c'est le nom du petit palefrenier du moulin.

DJINA.

C'est aussi celui du page de Satan... Il y a peut-être quelque parenté entre eux. (Prenant le petit mors que tient Claes.) Pour être maître du cheval, il faut posséder ce mors magique.

ULRICK.

Et le prix?

DJINA.

Oh! moins que rien : cinq ans de la vie de celui qui l'accepte, pour chaque vœu qu'il forme et qu'il voit s'accomplir. Pour toi, par exemple, ce serait bien peu de chose, puisque la carrière qui t'est promise est de quatre-vingts années, que tu n'as encore atteint que la vingtième, et que tu ne comptes former qu'un seul vœu... Eh bien! le marché te convient-il?

ULRICK, s'emparant du mors.

Oui, donne.

DJINA, aux palefreniers.

Mettez la housse au cheval.

ULRICK.

Quelle est cette housse?

DJINA.

Elle a appartenu aussi à Mahomet... Tu vois ces douze rayures noires.

ULRICK.

Oui, eh bien?

DJINA.

Chacune d'elles vaut cinq années de ta vie. Chaque fois qu'après un vœu formé, tu auras dit : *je le veux*, soit en agitant le mors magique, soit en passant la main dans la crinière de Zisco, une rayure s'effacera de la housse, et cinq coups se feront entendre. Tu seras toujours ainsi averti de la situation de ton compte avec nous... Oh! nous avons de la probité en enfer, et nous ne prenons personne par surprise... Eh! bien, acceptes-tu toujours?

ULRICK.

Oui, une seule rayure s'effacera, j'en réponds!

DJINA.

Cela dépendra de toi.

ULRICK.

A moi donc, Zisco, j'accepte!

(Zisco piaffe. Les palefreniers vont lui mettre la housse. A ce moment, on entend la choche de la chapelle, et un chœur lointain. La nuit la plus profonde couvre alors de nouveau le théâtre.)

CHŒUR.

De Saint-Donat la cloche vous appelle!
Jeunes amans, vite réveillez-vous.
Venez, venez, à la sainte chapelle
Vous enchaîner par les nœuds les plus doux.

(Par une nouvelle transformation, l'écurie infernale a disparu, et l'on revoit le moulin, éclairé par le jour naissant.)

ULRICK, à Djina.

Et le cheval?

DJINA.

Sois tranquille, il est déjà dans ton écurie, à la place du tien, avec le page de Satan, qui a remplacé aussi le petit palefrenier Claes.

JEANNE MARTENS, dans la coulisse.

Ulrick! Ulrick!

DJINA.

Surtout, que personne ne soupçonne jamais d'où te viendra ton pouvoir, tu serais perdu!

SCÈNE II.

TOUS LES PERSONNAGES DU PROLOGUE.

(Niocelle est en costume de mariée, avec le bouquet, la couronne et le voile. La porte du fond s'ouvre et l'on voit le cortége qui vient chercher la mariée. Tout le monde entre en scène sur la reprise du chœur. Tous sont en costume de fête et ont des bouquets.

JEANNE MARTENS.

Que vois-je?... Comment, Ulrick, tu n'as pas encore tes habits de noce!.. Mais à quoi penses-tu donc?

ULRICK, troublé.

Ma mère, c'est vrai... c'est que... je...

RICHARD.

Regarde donc ta Niocelle, frère... qu'elle est jolie ainsi!.. Regardez-la tous, mes amis... N'est-ce pas qu'Ulrick est bien heureux?

FRIDOLIN.

Certainement, il l'est... Eh bien, il n'a pas seulement l'air de s'en douter. Décidément, ce garçon-là...

JEANNE MARTENS.

C'est bon, c'est bon... nous n'avons pas de temps à perdre... Va bien vite t'habiller, Ulrick.

ULRICK, avec embarras.

C'est inutile, ma mère.

(La bohémienne lui a parlé bas et disparaît.)

JEANNE MARTENS.

Inutile!..

ULRICK.

Oui, le mariage ne peut avoir lieu aujourd'hui.

NIOCELLE.

Qu'entends-je?

JEANNE MARTENS.

Mais c'est de la démence!

ULRICK.

Non, ma mère... je vais partir.

JEANNE MARTENS.

Partir!

ULRICK.

Oui, je vais m'enrôler dans le contingent de

Flandre, pour la nouvelle croisade. J'irai en Palestine... Je m'y distinguerai; j'y gagnerai, par mon courage, les éperons de chevalier... Et dans un an, si le sort me seconde, je reviendrai à vous, plus heureux et plus digne de l'amour de ma Niocelle!

NIOCELLE.

Que dis-tu? que t'ai-je donc demandé au-delà de ta tendresse?.. Ah! c'est cette bohémienne qui lui a encore tourné l'esprit, j'en suis sûre.

RICHARD.

Oui, oui, c'est cette sorcière du diable... Cherchons-la, et par l'enfer!..

ULRICK.

Vous ne la trouverez pas... et vous avez tort de l'accuser, ce n'est pas d'elle que me vient ma résolution.

JEANNE MARTENS, bas, à Ulrick.

Allons, allons, tout cela n'est pas sérieux, n'est-ce pas? Tu as voulu éprouver Niocelle, rien de plus... Voyons, rassure-la bien vite.

ULRICK, de même.

Je pars, ma mère... mon parti est irrévocable... Je mourrais ici, voyez-vous!

JEANNE MARTENS, bas.

Assez, je ne te retiens plus... suis donc ta destinée, et que le ciel te protége!.. (Haut.) Maître Fridolin, vous l'accompagnerez.

FRIDOLIN.

Moi?

JEANNE MARTENS.

Oui, vous veillerez sur lui... vous calmerez, par votre raison et vos bons conseils, la fougue de son caractère... Vous avez de l'affection pour lui, je le sais...

FRIDOLIN.

Certainement, je l'aime, l'ingrat, malgré tous ses défauts...

(Claes paraît au fond, tenant en main Zisco. Claes n'a en plus qu'aux premières scènes, qu'une plume rouge à sa toque.)

CLAES.

Tout est prêt, maître.

ULRICK, prenant la main de Jeanne.

Adieu, ma mère!

NIOCELLE, avec larmes.

Ulrick!

ULRICK.

Avant un an, Niocelle, tu seras noble et riche, ou j'aurai cessé de vivre!.. Adieu!

(Richard s'approche et lui tend la main, il va vivement vers le fond sans répondre à cette avance. Fridolin le suit. Au moment où il met le pied à l'étrier, que tient Claes, Ulrick fait un dernier signe d'adieu à sa famille.)

JEANNE MARTENS.

Dieu te garde, mon fils!

(Niocelle tombe éplorée dans les bras de Jeanne Martens. Tout le cortége nuptial est dans la stupéfaction. — La toile baisse sur ce tableau.)

ACTE PREMIER.

Premier Tableau.

LE RENDEZ-VOUS DE CHASSE.

Le théâtre représente une forêt accidentée. Vers le fond, une route monte de gauche à droite. Au deuxième plan, à droite, un torrent qui disparaît après sa chute derrière des rochers. A gauche, au premier plan, et vers le tiers de la largeur du théâtre, un chêne énorme et creux. Devant le chêne et à l'entour, plusieurs quartiers de roc et des bancs naturels de pierres recouvertes de mousse. Sur le torrent, un pont rustique.

SCÈNE I.

BAUDOUIN-A-LA-HACHE, ODYLE, sa fille, MATHIAS BROWER, ZAMBA, CHEVALIERS, UN ÉCHANSON, ÉCUYERS, PIQUEURS, PAGES, DEUX DEMOISELLES D'HONNEUR, HOMMES D'ARMES, FAUCONNIERS.

(Au lever du rideau, Baudouin, sa fille, Mathias Brower et trois chevaliers prennent part à une collation servie sur une pierre oblongue et aplatie dans sa partie supérieure. Cette table naturelle est recouverte d'une riche nappe et chargée de fruits, de pâtés de venaison, de coupes et d'aiguières d'or et d'argent. Baudouin est adossé au vieux chêne, Odyle est à sa gauche; derrière Odyle, les deux demoiselles d'honneur se tiennent debout. Derrière Baudouin, et à sa droite, l'échanson, qui vient de remplir sa coupe. Sur un petit quartier de roc, un peu distant de la table, également à droite, est assis Mathias Brower; à gauche de la table sont les trois chevaliers; à droite, près du torrent, se tiennent les fauconniers, le faucon au poing. Un peu en arrière, vers le milieu de la scène, les pages tiennent par la bride les chevaux du comte, de la princesse et des chevaliers. Plus loin sont les hommes d'armes qui font le guet. Zamba est sur une maîtresse branche du chêne, au-dessus de la tête de Baudouin.)

BAUDOUIN, élevant sa coupe.

A notre bonne chasse, Messires!

MATHIAS BROWER ET LES CHEVALIERS.

A notre bonne chasse!

BAUDOUIN.

Et vous, Odyle, notre fille bien-aimée, vous serez, je l'espère, plus calme et plus prudente que vous ne l'avez été jusqu'ici, et vous ne nous donnerez pas la douleur de trembler une seconde fois pour votre vie.

ODYLE.

Je vous le promets, mon père.

BAUDOUIN.

Quant à vous, maître Mathias, notre grand justicier, (Mathias s'incline) ce n'est pas précisément la prudence qu'il est besoin de vous recommander, n'est-ce pas?

MATHIAS BROWER.

Malgré ma modestie naturelle, sire Comte, je dois convenir que je possède, en effet, cette précieuse vertu à un très haut degré... et c'est précisément pour cela que le prince votre auguste père et prédécesseur...

BAUDOUIN.

Il vous tenait pour homme habile; oui, je le sais, et c'est surtout par respect pour sa mémoire et son jugement que je vous ai maintenu jusqu'ici dans un poste où ma propre confiance ne vous eût probablement pas appelé.

(Mathias Brower s'incline, Zamba applaudit.)

MATHIAS BROWER.

Quel est l'insolent qui ose se permettre?...

BAUDOUIN.

De nous applaudir?.. Eh! mais c'est Zamba, notre fou... Vous le voyez, il imite les sages, il devient flatteur... Heureusement pour vous il est muet, cela vous dispensera d'entendre tout ce qu'il aurait à dire pour appuyer mon opinion à votre sujet... Peut-être le bruit est-il venu jusqu'à lui que les maltôtiers, malandrins, pillards et voleurs, grands ou petits, dont nous pensions avoir à jamais délivré notre belle Flandre, y avaient reparu de tous côtés pendant la courte absence que nous venons de faire.

(Zamba fait signe que oui.)

MATHIAS BROWER.

Calomnie, sire Comte, pure calomnie de mes ennemis! Jamais le pays n'a été plus sûr, jamais, jamais!.. C'est au point que cette forêt, si mal famée naguère, un enfant pourrait la traverser aujourd'hui avec un trésor, sans qu'il lui manquât une obole en la quittant... Et pas plus tard qu'hier encore, je l'ai fait proclamer à son de trompe dans toute la contrée.

BAUDOUIN, se levant de table.

Dieu vous fasse donc la grâce de n'avoir proclamé que le vrai, messire notre justicier.

MATHIAS BROWER, à part.

De quel air il m'a dit cela!.. j'en ai le frisson!..

BAUDOUIN.

Ecoutez-moi bien, Mathias Brower. Un des plus nobles et des plus vaillans chevaliers d'Angleterre, sire Arundel, est débarqué, il y a huit jours sur nos côtes, pour porter un message au vénérable abbé de Saint-Donat. J'ai été informé du voyage de ce jeune seigneur par son souverain lui-même, qui le met sous ma garde et protection. Le chevalier a dû traverser cette forêt pour se rendre à Saint-Donat, et il n'a pas encore paru à l'abbaye, je le sais... N'avez-vous reçu aucun rapport à ce sujet?

MATHIAS BROWER.

Aucun, sire Comte.

BAUDOUIN.

Prenez-y garde, messire justicier; si votre défaut de vigilance avait ici encore causé quelque malheur, vous savez pourquoi le peuple, que j'ai toujours su protéger, moi, m'a donné le nom de Baudouin-à-la-Hache...

MATHIAS BROWER, à part.

Miséricorde!

BAUDOUIN.

Faites en sorte que je n'aye pas à recommencer par vous ma terrible mission! Demain, avant le tournoi, je tiendrai lit de justice en mon palais de Bruges. Si d'ici là, le chevalier Arundel n'a pas reparu, votre tête répondra de la sienne.

MATHIAS BROWER.

Mais cependant, sire comte,..

BAUDOUIN.

Taisez-vous!

MATHIAS BROWER.

Oui, Sire... (A part.) Infâme despote.

BAUDOUIN.

Allons, ma fille, et vous, chevaliers, en chasse maintenant!

(Tout se dispose pour le départ; les cors retentissent; on amène les meutes. Zamba saute de sa branche à terre, pour amener le cheval du comte. Tout le monde est bientôt en selle. La chasse part. On la voit monter la route, à travers les arbres, et disparaître dans le fond à gauche. Mathias Brower prend avec lui des hommes d'armes et sort d'un autre côté. Pendant ce mouvement, Zamba a volé plusieurs morceaux et une nappe dans les cantines qu'emportent les piqueurs. Il met son couvert en faisant des cabrioles joyeuses; il s'assied ensuite gravement à la place qu'occupait Baudouin, et commence à manger.)

SCÈNE II.

ULRICK, FRIDOLIN ET ZAMBA.

ULRICK.

Courage, mon bon maître, courage... nous nous reposerons ici quelques instans.

FRIDOLIN.

C'est bien heureux!.. Enfin!.. Ouf! je suis rompu!.. Quelle diable d'idée, aussi, de me mettre en croupe derrière ce vaurien de Claes sur la grosse grise du moulin!.. Pauvre bête, elle n'est pas méchante, elle... mais quel trot, bonté divine!.. Ça va me gêner pendant plus de huit jours, j'en suis sûr!..

ULRICK, lui montrant une pierre près du torrent.

Asseyez-vous là, tenez.

FRIDOLIN.

Puisque je te dis que je serai gêné... Ah ça! mais où sommes-nous?.. le sais-tu, seulement?

ULRICK.

Non, je vous l'avoue; mais Claes nous l'apprendra tout-à-l'heure, en nous ramenant Zisco et votre monture.

FRIDOLIN.

Si une fois en sa vie, il pouvait être bon à quelque chose, le petit malandrin, il nous apporterait de quoi nous restaurer un peu... je meurs de faim, moi d'abord... Attends donc...

ULRICK.

Quoi?

FRIDOLIN.

Là-bas... Nous sommes sauvés!.. un jeune seigneur qui a pour lui seul à déjeuner pour quatre... Je vais tâcher de nous faire inviter. (Il s'approche alors de Zamba, qui lui tourne le dos, et il le salue. Zamba salue du côté de la coulisse et boit.) Qui donc salue-t-il par-là?.. Personne... Une distraction, sans doute... Il est fort distrait, ce jeune seigneur!.. Forçons la voix... Comme il n'y a dans les environs aucune hôtellerie... Si vous aviez la bonté de... (Zamba saute de sa place sur la table et rit au nez de Fridolin.) Qu'est-ce que c'est que ça?... un petit monstre en habit de cour!

ULRICK, s'approchant.

Eh! mais c'est Zamba, le fou de la cour!

FRIDOLIN.

Un fou! Oh! alors, il n'y a plus besoin de tant de façons... chassons le fou et mettons-nous à table.

ULRICK.

Prenez garde, n'allez pas le maltraiter, il pourrait vous en coûter cher!.. le favori du prince!..

FRIDOLIN.

Une brute!.. Enfin, c'est égal, puisqu'il le faut, j'humilierai ma dignité d'homme et de savant devant la brute en faveur! C'est bien le cas de dire ici: la faim justifie les moyens... Humilions-nous. (Il salue Zamba qui lui rend son salut et saute en bas de la table.) Eh bien! mais il est poli au moins... (Zamba vient à lui et lui attache au cou une grande pancarte en guise de serviette.) Comment, une serviette? mais c'est du luxe, ça, mon petit ami. (Zamba le prend gravement par la main et le conduit à la place qu'il occupait, en lui faisant signe de s'y asseoir.) Oh! là! oh! décidément ça me gêne... ça me gêne beaucoup même... mais c'est égal, la faim me gêne encore plus... Voyons, attaquons... (Au moment où il étend la main vers le pâté, Zamba prend vivement les quatre coins de la nappe, l'enlève avec tout ce qu'il y a dessus, et grimpe sur l'arbre.) Eh bien! eh bien!.. qu'est-ce qu'il fait donc?.. Veux-tu bien revenir ici, malheureux!.. Mais c'est une infamie, ça!.. Qu'est-ce qu'il dit?

ULRICK, riant.

Je crois qu'il vous invite à le suivre.

FRIDOLIN.

Par exemple!.. Attends! attends!.. (Il cherche un grand bâton pour l'atteindre, Zamba monte alors son attirail plus haut dans l'arbre, redescend ensuite vivement, prend le bâton, en frappe Fridolin, saute par-dessus lui et se sauve.) Ah! c'est pour m'achever... je n'en puis plus!.. je suis mort!..

(Il tombe anéanti sur le siége auprès de l'arbre.)

ULRICK.

Êtes-vous réellement blessé?

FRIDOLIN.

Puisque je te dis que je suis mort!.. Un si beau pâté!.. Et me mettre une serviette encore!.. c'est pour me narguer, le misérable!... Ça m'exaspère!.. je demanderai sa tête!.. Tiens, la voilà ta serviette maudite.

(Il arrache la pancarte que Zamba lui a mise au cou, la froisse et la jette à terre.)

ULRICK, la ramassant.

Qu'est-ce que cela?

FRIDOLIN.

La serviette, te dis-je, la serv......

ULRICK.

Mais non, c'est une feuille de parchemin.

FRIDOLIN.

Je disais aussi, ça n'est pas très souple.

ULRICK.

Des caractères d'or et d'azur...

FRIDOLIN, prenant la pancarte.

Voyons... C'est vrai... peut-être quelque vieux manuscrit... Mais non... c'est une proclamation du comte Baudouin... Comment se fait-il?

ULRICK.

Lisez, lisez... Que dit cette proclamation?

FRIDOLIN.

Oh! des choses qui ne nous intéressent guère... un grand tournoi pour demain.

ULRICK.

Un tournoi!.. Oh! si fait, cela m'intéresse!

FRIDOLIN.

Ah! c'est juste, ta manie de gloire... Voilà que nous y revenons.

ULRICK.

Mais lisez donc vite... Que dit cette proclamation?

FRIDOLIN.

Elle dit... que le chevalier qui sera vainqueur du tournoi aura le commandement du contingent de Flandre à la prochaine croisade.

ULRICK.

Quel honneur!.. Oh! si j'étais chevalier!..

FRIDOLIN.

Oui... mais tu ne l'es pas, et tu n'as guère chance de le devenir d'ici à demain.

ULRICK.

Qui sait?

FRIDOLIN.

Comment, qui sait?.. (A part) Décidément, le pauvre garçon extravague!

ULRICK, appelant.

Claes!

SCÈNE III.

LES MÊMES, CLAES.

CLAES.

Me voici, maître. Nos chevaux sont bien repus, et nous pourrons nous remettre en route quand vous voudrez.

FRIDOLIN.

Voyez-vous ça, docteur!.. Les chevaux ont mangé... alors tout est dit... Et nous, donc, petit malheureux! et nous!.. (Ulrick tire Claes à l'écart et lui parle bas.) C'est ça, recommencez vos chuchotteries... consulte-le, va, ce fils de sorcière... il ne te donnera que de sages avis, j'en suis sûr, et avec un si prudent conseiller, tu n'as vraiment pas besoin de moi... Aussi... dès demain...

ULRICK, étendant le petit mors magique.

Il faut que je sois chevalier aujourd'hui même... *je le veux*!

FRIDOLIN, qui n'a entendu que les derniers mots.

Qu'est-ce que tu veux?

(Aussitôt que les mots *je le veux* ont été prononcés, Zisco entre au galop et s'élance vers le gros chêne. Dans ce brusque mouvement, il manque de renverser Fridolin, qui pousse un cri. Arrivé au pied du chêne, Zisco se dresse sur ses jambes de derrière et appuie celles de devant contre le tronc de l'arbre. En tirant une petite branche, il abat une partie de l'écorce de l'arbre et en découvre le creux, dans lequel sont toutes les pièces d'une brillante armure et une bannière de chevalier. Fridolin est stupéfait.)

CLAES.

C'est être servi à souhait, j'espère! Maître Ulrick désirait être chevalier, et voilà qu'à l'instant même ce brave Zisco lui découvre des armes!

FRIDOLIN.

C'est-à-dire que c'est incompréhensible!.. Il y a quelque diablerie là-dessous bien certainement!

CLAES, faisant un signe à Ulrick.

Ah! bah! vous voyez le diable partout, vous, tant vous en avez peur!.. je suis sûr, moi, qu'il n'y a là rien que de très naturel au contraire.

FRIDOLIN.

Très naturel de trouver des armures complètes dans le creux d'un arbre!.. Ce qui est naturel, petit malandrin, c'est qu'un chêne porte des glands, mais non pas qu'il porte cuirasse.

CLAES.

En général, oui, vous pouvez avoir raison...

FRIDOLIN.

Comment, en général!

CLAES.

Sans doute... Mais ici, je vous le répète, tout est simple et s'explique à merveille. (Fridolin lève les épaules de pitié.) Écoutez, et vous serez de mon avis. Tout-à-l'heure, tandis que je gardais nos chevaux là-bas, j'ai entendu, sans être vu, deux bûcherons d'assez mauvaise mine, qui causaient entre eux de certain meurtre...

FRIDOLIN.

Un meurtre!..

CLAES.

Oui, commis depuis huit jours dans cette forêt, sur la noble personne d'un chevalier étranger... Je crois qu'ils ont dit un anglais... nommé... sire Arundel... chargé d'un message pour l'abbé de Saint-Donat.

ULRICK.

Qu'entends-je?

FRIDOLIN, tremblant.

Ah! ça, mais nous sommes donc dans un coupe-gorge, ici?

CLAES.

Voyant venir les gardes du grand justicier, les assassins, dont faisaient partie ces pauvres bûcherons...

FRIDOLIN.

Ces pauvres bûcherons!..

CLAES.

C'est-à-dire ces coquins de bûcherons... Ils ont bien vite jeté le cadavre de leur victime dans le torrent de la Roche-Noire, n'ont emporté que son or et ses bijoux, et ont caché son armure dans le creux de cet arbre, où ils comptaient la reprendre plus tard... Et voilà comme quoi un chêne peut porter cuirasse, mon digne maître! (Il lui donne une tappe sur le ventre.) Voilà donc une succession ouverte.... acceptez-la, maître Ulrick; présentez-vous ensuite bravement à la cour du comte de Flandre, où personne ne connaissait l'illustre défunt, et vous y serez bien reçu en sa place, je vous en réponds !

(Il va prendre les pièces de l'armure.)

FRIDOLIN.

Ta! ta! ta!.. en voilà de beaux conseils!.. Mais c'est voler, ça, petit pendard !

CLAES.

Voler qui? des voleurs... Nous ne faisons tort qu'à eux, n'est-ce pas? eh bien! c'est permis, à titre de revanche! Voyons, aidez-moi un peu.

(Il remet les pièces de l'armure à Fridolin, qui les reçoit machinalement.)

FRIDOLIN.

Par exemple!.. Où allons-nous, où allons-nous?

CLAES.

A la gloire! à la fortune!

FRIDOLIN.

Vois-tu, Ulrick, si tu voulais me croire...

CLAES.

Tenez donc, le casque.

FRIDOLIN.

Oui... nous nous en retournerions tout bonnement...

CLAES.

L'écharpe maintenant.., dépêchez-vous, nous sommes pressés.

FRIDOLIN.

Oui... le bien d'autrui, mon enfant, le bien d'autrui!..

CLAES.

Les éperons... vite!

FRIDOLIN, se mettant à genoux pour attacher les éperons.

Oui... jamais ça ne profite, vois-tu...

CLAES.

Serrez donc!

FRIDOLIN.

Oui... Ah! ça, mais, Dieu me pardonne, ce petit drôle-là me fait servir moi-même!

(Il se relève.)

CLAES.

A recueillir la succession vacante... oui, digne maître.

FRIDOLIN.

Veux-tu bien te taire, effronté!..

CLAES, relevant l'écorce de l'arbre.

Mais ce n'est pas tout: à un chevalier comme maître Ulrick, il faut un écuyer un peu plus élégant que je ne suis... La défroque du page de sire Arundel doit être aussi fourrée quelque part... Voyons...

FRIDOLIN.

Allons, bon... un page, à présent!

CLAES, passant derrière l'arbre.

Eh! voilà justement ce qu'il me faut... Je ne me trompais pas... (Reparaissant en costume de page.) Eh bien! comment me trouvez-vous?

FRIDOLIN.

Ça m'est bien égal!

ULRICK.

Quel est ce bruit?

CLAES, qui a regardé vers le fond, à gauche.

C'est une jeune damoiselle, emportée par son palefroi... Eh! mais, je ne me trompe pas... c'est la princesse Odyle de Flandre elle-même...

ULRICK.

La princesse!..

CLAES.

Quel coup de fortune pour qui la sauverait!

ULRICK.

Moi, je la sauverai!

(Il lance Zisco vers la coulisse du fond, à gauche.)

FRIDOLIN.

Ah! mon Dieu! il va se rompre le cou!

CLAES.

Non, non, soyez tranquille... le cheval est bon et le cavalier aussi.

(On voit paraître au fond la princesse d'abord, puis Ulrick, qui la suit de près. Le cheval de la princesse saute dans le torrent. Zisco le suit. Fridolin et Claes les suivent des yeux.)

SCÈNE IV.

CLAES, FRIDOLIN, BAUDOUIN, MATHIAS-BROWER, ET TOUTE LA SUITE DU COMTE.

BAUDOUIN, en entrant.

Ma fille!.. c'est de ce côté qu'elle a disparu.. Cherchez, courez tous!.. Mes trésors, mon pouvoir à qui la sauvera!

CLAES, montrant le précipice.

Elle est là, Monseigneur.

BAUDOUIN.

Là!.. Perdue, grand Dieu!

CLAES.

Sauvée, sire comte, sauvée par mon maître, le chevalier Arundel d'Angleterre.

BAUDOUIN.

Arundel!

MATHIAS BROWER, à part.

Arundel!.. il me sauve du même coup!

CLAES, descendant en scène.

Les voilà! les voilà!

(Baudouin va au-devant de sa fille, qui se jette dans ses bras.)

BAUDOUIN.

Ma fille!... tu m'es donc rendue!.. Chevalier, croyez-le bien, jamais Baudouin de Flandre n'oubliera ce qu'il vous doit aujourd'hui! Parlez... quel prix désirez-vous pour un pareil service?

ULRICK.

Je ne désire rien de plus, sire Comte, que l'honneur de paraître et de combattre au tournoi qui se prépare.

BAUDOUIN.

Votre titre seul vous en donne le droit, chevalier. Nous aurons donc mieux à faire pour nous acquitter envers vous. Suivez-nous à notre palais de Bruges; nous vous y offrons bonne et loyale hospitalité.

(Ulrick s'incline.)

(Cinq coups d'une cloche lointaine se font entendre, et cet âne rayure de la housse disparait.)

FRIDOLIN.

Cinq heures, déjà!

ULRICK.

Cinq ans!

CLAES.

Oui, mais te voilà chevalier!

(Tout le monde est remonté à cheval. Zamba est remonté sur la branche d'arbre, et montre de loin le pâté à Fridolin. Les cors sonnent le départ. Mouvement général. La toile baisse sur ce tableau.)

Deuxième tableau.

LE LIT DE JUSTICE.

(Le théâtre représente la salle du trône de Baudouin à la hâche. Le trône est à droite, et placé un peu obliquement, du deuxième au troisième plan; à droite et à gauche, au premier plan, des portes. En face du trône, une grande fenêtre. Au fond, entrée principale.)

SCÈNE I.

BAUDOUIN, MATHIAS BROWER, ULRICK, FRIDOLIN, le chevalier de BLANCHECROIX, premier Huissier, un Juif, un Bourgeois, Juges, Chevaliers, Écuyers, Huissiers, Gardes, peuple. Baudouin est sur son trône. Mathias Brower, tenant la main de justice, et d'autres juges sont sur les degrés du trône, à droite et à gauche du comte. Au fond, en arrière du trône, sont les Chevaliers. A gauche, en face du trône, et contenu par une barrière dorée, le peuple. Entre la barrière et le trône, un Bourgeois, un vieux Juif et deux Huissiers. Sur le devant de la scène, du côté opposé au trône, Ulrick, Claes et Fridolin. Baudouin vient de rendre son jugement. Le vieux Juif compte avec force grimaces, de l'or au bourgeois, puis les huissiers l'emmènent.

LA FOULE.

Bien jugé! bien jugé! Vive Baudouin!

MATHIAS BROWER.

Silence!

BAUDOUIN.

Quelqu'un fait-il encore appel à notre justice?

(Moment de silence.)

PREMIER HUISSIER, s'inclinant devant le trône.

Il n'y a plus de plaignans, sire comte.

BAUDOUIN.

Il ne nous reste donc plus qu'à prouver à vous, nobles chevaliers, et à toi, bon peuple de Flandre, que Baudouin à la hâche, par la volonté de Dieu et l'aide des Saints, votre maître à tous, sait récompenser comme il sait punir. Approchez, Sire Arundel. (Ulrick va près du trône et s'incline.) Vous avez, par votre courage et votre dévouement, sauvé notre fille chérie, nous voulons que vous ayez désormais votre gîte sur cette terre de Flandre. Nous vous donnons donc le fief de Vanolden, avec tous les droits et honneurs y attachés, et nous vous offrons, en outre, cette chaîne, que nous avons portée dans nos plus glorieux combats.

(Ulrick se met à genoux sur les marches du trône, et Baudouin le décore de la chaîne.)

CLAES, à Fridolin.

Eh! bien, j'espère que sa fortune marche!

FRIDOLIN.

Oui, grâce au mensonge et à la fourberie!.. Ah! si je pouvais parler sans le perdre!..

CLAES.

Oui... mais vous le perdriez... Taisez-vous donc.

(Fridolin lève les yeux au ciel et pousse un soupir, en marmottant tout bas.)

ULRICK, regagnant sa place.

Niocelle, ma bien aimée. Tu seras donc riche et noble!

PREMIER HUISSIER.

Monseigneur, une pauvre femme éplorée est là, et demande en grâce à être admise devant vous.

BAUDOUIN.

Qu'elle vienne!

(Jeanne paraît et s'avance dans l'enceinte laissée libre devant le trône.)

SCÈNE II.

LES MÊMES, JEANNE MARTENS.

ULRICK.

Juste ciel! ma mère!..

CLAES, à Ulrick.

Ne te trahis pas!

(Il impose silence à Fridolin.)

BAUDOUIN.

Relevez-vous, bonne femme, et parlez-nous sans crainte.

JEANNE.

Sire comte, je viens vous demander justice d'un lâche et infâme ravisseur.

ULRICK.

Que dit-elle?

BAUDOUIN.

Justice sera faite. Expliquez-vous.

JEANNE, d'une voix entrecoupée.

Ulrick, mon fils bien aimé, venait de partir pour aller combattre en terre sainte. Voulant appeler les bénédictions du ciel sur lui, Niocelle, sa douce et belle fiancée, Richard... mon autre fils, et moi, nous nous rendions, à travers bois, à l'hermitage de Sainte-Catherine. Le jour baissait, nous touchions au but de notre pieux voyage, quand tout-à-coup, un chevalier et deux hommes d'armes se présentent et nous barrent la route. Où donc vas-tu porter cette blanche couronne, ma gente jouvencelle, dit le chevalier à Niocelle tremblante?

ULRICK, à part.

L'insolent!

JEANNE.

A l'hermitage de Sainte-Catherine, répond la pauvre enfant, en se serrant près de moi. De si belles et si fraîches fleurs pour un vieil hermite, allons donc, c'est folie, dit alors le blasphémateur, et il s'en empare.

ULRICK, avec rage.

Misérable!

CLAES, bas.

Prends garde!

JEANNE.

Richard, le brave Richard, veut nous défendre... Il est accablé par le nombre et tombe blessé... Enfin, malgré mes cris, malgré mes larmes, Niocelle est arrachée de mes bras... ses ravisseurs l'entraînent et disparaissent bientôt à ma vue... Je me sentais mourir... Et Richard... mon enfant... noble et digne jeune homme, il était là... perdant son sang, et sans force... Que faire?.. à qui courir?.. Où trouver du secours?.. Ah! c'était à devenir folle!.. Enfin, le ciel eut pitié de mes angoisses... De bonnes gens qui revenaient de l'hermitage, m'offrirent leur aide, et portèrent Richard dans une chaumière voisine... Et moi, alors... pleurant toujours... le désespoir dans l'âme... je courus brisée, haletante, vers ce palais, espoir et refuge des infortunés... J'arrive enfin!.. Oh! je puis espérer justice, maintenant, car Baudouin de Flandre m'a entendue.

BAUDOUIN.

Oui, oui, je t'ai entendue, et malheur au félon!.. Il n'échappera pas au châtiment qu'il mérite, je le jure!.. sais-tu le nom de ce misérable... l'as-tu reconnu?

JEANNE.

Non, sire comte, la visière de son casque était baissée et il faisait presque nuit... cependant... la tournure... la taille... la voix... peut-être, s'il était là, devant moi... Mais je me rappelle, ce doit être un des chevaliers réunis ici pour le tournoi... les bonnes gens qui ont secouru Richard me l'ont dit... oui, ils l'ont vu, après un ordre donné à voix basse à ses complices se diriger seul vers la route de Bruges... oui, oui, il doit être ici... il y est, sire Comte.

BAUDOUIN.

Il suffit. Chevaliers, que ceux d'entre vous qui ne nous ont pas accompagné à notre retour de la chasse s'avancent, et se rangent devant notre trône. (Ce mouvement s'exécute.) C'est bien... maintenant, baissez vos visières. Cette femme va passer devant vous, et chacun à son tour lui dira : Est-ce moi?..

(Jeanne passe lentement devant les chevaliers, dont chacun à son tour lui dit : Est-ce moi? Ulrick, toujours retenu par Claes, suit cependant ce mouvement avec une vive anxiété.)

ULRICK, quand sa mère a dépassé le dernier chevalier.

Que va-t-elle dire?

BAUDOUIN, à Jeanne.

Eh! bien?..

JEANNE, avec accablement.

Je ne l'ai pas reconnu.

ULRICK, prenant le mors magique.

Oh! mais, il faut pourtant que je le connaisse, moi: *je le veux*!

SCÈNE III.

LES MÊMES, ZAMBA, un Ecuyer, ZISCO.

(La fenêtre s'ouvre avec fracas et Zisco saute dans la salle, monté par Zamba qui crie et se tient à sa crinière. Arrivé au milieu du théâtre, Zisco fait une ruade et jette à terre Zamba. Etonnement général.)

BAUDOUIN, à Zamba qui s'est relevé confus.

Bouffon, prends garde! tu abuses du privilége de folie! (A l'Ecuyer.) Que s'est-il passé, voyons?

L'ÉCUYER.

Le page de sire Arundel, en faisant devant Zamba l'éloge du merveilleux instinct de ce cheval, avait dit que si quelqu'autre que son maître essayait de le monter, il supposait qu'on voulait le voler et il emportait aussitôt le voleur devant le chevalier. Zamba a voulu savoir si cela était vrai, et maintenant il n'en peut plus douter.

(Zamba appuie cette explication par ses signes.)

BAUDOUIN.

C'est bien, emmenez ce cheval... Et toi, maître fou, ne recommence pas.

(Au moment où l'écuyer va prendre la bride de Zisco, Ulrick dirige vers lui le mors magique. Zisco s'agenouille devant le trône. Zamba indique par ses signes qu'il est plus capable que le grand juge de découvrir le coupable. Puis, le cheval va droit au chevalier de Blanche-Croix, qui est au milieu du rang, le prend par son écharpe et le traîne au pied du trône, où il tombe expirant.)

L'HUISSIER, incliné près du chevalier.

C'est lui!

(Jeanne tombe à genoux et remercie le ciel.)

BAUDOUIN.

Misérable, où est la jeune fille que tu as enlevée?

L'HUISSIER, recueillant les paroles du mourant.

Dans son manoir de Blanche-Croix, où on la retrouvera pure et sainte... Il le jure devant Dieu!.. Il meurt!

(Baudouin donne ordre de l'emporter.)

JEANNE.

Mais je ne me trompe pas... ce cheval... oh! oui, je le reconnais bien, maintenant... C'est celui de mon fils!

BAUDOUIN, descendant en scène.

Tu t'abuses, bonne femme, ce noble coursier, à l'instinct si merveilleux, appartient à sire Arundel, notre ami et notre hôte que voilà.

CLAES, bas à Ulrick.

De l'audace, ou tout est perdu!

(Il entraîne Fridolin en arrière.)

JEANNE, s'approchant.

Sire Arundel... et c'est à lui que... Mon Dieu!.. ces traits... oh! mais... est-ce que je rêve?.. Non, non... c'est bien lui... c'est...

CLAES, à son oreille.

Un mot de plus, c'est sa mort!

(Claes a repris sa place près d'Ulrick et lui parle bas.)

BAUDOUIN.

Que signifie le trouble de cette femme?.. La connaissez-vous, Chevalier?..

ULRICK, avec émotion d'abord, puis avec plus de fermeté.

Non... sire Comte.

JEANNE, bas.

Non!..

ULRICK.

Quelque ressemblance l'abuse, sans doute... Je ne l'ai jamais vue.

JEANNE, à part.

O mon Dieu! renier sa mère!

(Fridolin lui fait signe de loin que c'est bien malgré lui qu'il est complice de toutes ces horreurs.)

BAUDOUIN, à Jeanne.

Ton trouble se comprend, bonne femme, après la cruelle épreuve que Dieu t'a envoyée... Mais remets-toi... Tu n'as plus rien à craindre maintenant... Tu resteras dans ce palais jusqu'à ce qu'on t'ait ramené la jeune fille qui t'a été ravie.

JEANNE.

Oh! Dieu vous protége et vous garde, sire Comte, car vous êtes juste et bon!

(Elle sort. On entend une cloche sonner cinq coups.)

ULRICK, frémissant.

Cinq ans, encore!

CLAES, avec un sourire diabolique.

Oui, mais ta Niocelle t'est rendue! Tu l'aimes tant!

BAUDOUIN.

C'est l'heure du banquet. Venez, sire Arundel, vous y prendrez place auprès de celle qui vous doit la vie!

Troisième tableau.

LE SERMENT.

Le théâtre représente une riche tente auprès de la lice. Les armes et la bannière d'Arundel sont réunies et forment trophée. A gauche, est une espèce de lit de repos, couvert d'une riche étoffe de damas. Au fond, vers la droite, l'entrée principale; deux autres issues latérales.

SCÈNE I.

FRIDOLIN, CLAES.

CLAES.

Eh! bien, maître Fridolin, êtes-vous content du magnifique festin qu'on vous a fait faire?

FRIDOLIN.

Content, non du tout... tout cela me déplaît.

CLAES.

Cependant, vous m'avez paru manger d'assez bon appétit.

FRIDOLIN.

J'ai mangé, j'ai mangé... parce qu'il faut bien se soutenir.

CLAES.

Allons, allons, convenez que vous commencez à vous réconcilier avec notre nouvelle fortune.

FRIDOLIN.

Belle fortune, qui nous mène tout droit à la potence ou au bûcher!

CLAES.

C'est possible, mais pourvu qu'on ne nous brûle pas les uns sans les autres, ça m'est égal... Quel beau spectacle, ça ferait !.. Je suis sûr que vous seriez superbe, vous !

FRIDOLIN.

Veux-tu te taire, petit malheureux !

CLAES.

Chut !..

FRIDOLIN.

Quoi ? qu'est-ce qu'il y a encore ?

CLAES, soulevant la portière du fond.

C'est le grand justicier qui vient ici.

FRIDOLIN.

Le grand justicier !.. On a tout découvert, sans doute... et c'est fait de nous !

CLAES.

Il donne des ordres à ses gardes.

FRIDOLIN.

C'est clair... il fait cerner la tente... nous n'en réchapperons pas !.. Où me suis-je fourré, bon Dieu ! où me suis-je fourré ?

CLAES.

Taisez-vous, laissez-moi répondre, et quoique je puisse dire, ne me démentez pas, si vous tenez à votre tête !

FRIDOLIN.

Si j'y tiens !..

SCÈNE II.

LES MÊMES, MATHIAS BROWER.

MATHIAS, en entrant, à part.

Ce chevalier... ce cheval... cette femme... il y a certainement du mystère dans tout ceci.

FRIDOLIN, à part.

Qu'est-ce qu'il marmotte-là, tout bas ? C'est peut-être notre condamnation qu'il prépare !

CLAES, de même.

Taisez-vous donc.

MATHIAS BROWER, toujours à lui-même.

M'adresser au petit bonhomme, ce serait inutile... un enfant, un étourdi, il n'est pas probable qu'il soit dans le secret... c'est l'autre, c'est la tête grise qu'il faut attaquer... il est évident que celui-là...

CLAES.

Monseigneur cherche quelqu'un ?

MATHIAS BROWER.

Oui, petit, oui..... je cherche le chevalier Arundel.

CLAES.

Il est encore au palais... et il n'y a, comme vous le voyez, dans sa tente, que son sage et savant lecteur, et son très-humble page, tout à votre service.

FRIDOLIN, à part.

Très humble... heu ! la vanité même !

MATHIAS BROWER.

Qu'est-ce que vous dites ?

CLAES.

Lui ?... Rien... Il fait la grimace, voilà tout... c'est un tic.

MATHIAS BROWER.

Comment un tic ?

CLAES.

Oui, un tic nerveux très prononcé... et qui lui prend au moment où on y pense le moins... Vous avez donc à parler à notre noble maître, sire justicier ?

MATHIAS BROWER, regardant Fridolin.

Oui... oui... une chose assez singulière... et qui d'abord m'a semblé un peu louche...

CLAES.

Vous trouvez qu'il louche ?.. C'est possible au fait, son tic...

MATHIAS BROWER.

Mais non, ce n'est pas de lui que je parle, c'est de la chose singulière.

CLAES.

Ah ! très bien ! Et qu'est-ce donc que cette chose ?

MATHIAS BROWER.

Voilà... C'est que cette bonne femme... vous savez ?..

CLAES, d'un ton méprisant

Qui ?.. Jeanne Martens... la meunière ?

MATHIAS BROWER.

Oui... on vient de lui ramener la belle fiancée qu'elle avait perdue...

FRIDOLIN.

Pauvre Ulrick, va-t-il être heureux ! (Claes le pince.) Oh ! là ! oh !

MATHIAS BROWER.

Hein ?

CLAES.

Toujours son tic... Il paraît que c'est vraiment très douloureux... Avez-vous jamais vu une grimace pareille ?

MATHIAS BROWER.

Je dois convenir que la grimace était peu gracieuse... mais il a dit : Pauvre Ulrick, va-t-il être heureux !

CLAES.

Eh bien ! c'est clair... Ulrick n'est-il pas le fils de la meunière, et ne doit-il pas être heureux qu'on lui ait retrouvé sa fiancée ?.... Après ?...

MATHIAS BROWER.

Après?.. Voilà... ce qui m'a paru louche, c'est que cette bonne femme, qui n'a plus rien à faire ici, au lieu de s'en retourner tout bonnement à son moulin, ne veut absolument pas partir avant d'avoir vu sire Arundel.

FRIDOLIN.

C'est bien naturel, une mère !.. (Claes lui écrase le pied.) Aïe !... Ah ! c'est trop fort !..

CLAE

Pauvre homme !.. il n'a jamais tant souffert que ça !

MATHIAS BROWER.

Souffert, souffert... ou fait semblant de souffrir !..

CLAES.

Semblant !.. Comment, il serait capable ?... Est-ce que vraiment, maître Fridolin, ça ne vous a pas fait mal ?

FRIDOLIN.

Mais si, mais si... par tous les diables !

CLAES, à Mathias Brower.

Vous l'entendez... j'en étais sûr.

MATHIAS BROWER.

C'est possible... mais j'ai entendu aussi qu'il a dit : C'est bien naturel, une mère !..

CLAES.

C'est vrai, oui, il l'a dit, et la douleur de son tic est venue lui couper la parole au moment où il allait ajouter... après une mère... ne devait-elle pas des remercîemens au noble maître du cheval qui lui a rendu la fiancée de son fils?.. N'est-ce pas là ce que vous alliez dire, maître ?

FRIDOLIN.

Juste... oui, c'est ça, c'est ça. (Bas.) Petite peste, va !

CLAES.

Seulement, il l'aurait dit plus éloquemment sans doute... car il est très éloquent, sans que ça paraisse, quand le tic ne s'en mêle pas.

MATHIAS BROWER.

Oui, je le crois, en effet, beaucoup plus habile qu'il n'en a l'air... (Tirant Claes à l'écart.) Ecoute, petit... tu es candide et innocent encore, toi... et il te trompe, comme il voudrait me tromper moi-même... Mais un instant, je l'ai deviné !.. Cet homme, vois-tu, cet homme est un grand fourbe !

CLAES.

Vous croyez ?

MATHIAS BROWER.

Tu vas voir, tu vas voir... (Il passe entr'eux.) A nous deux, maître Fridolin !

FRIDOLIN, à part.

Je suis mort !.. (Haut.) Que voulez-vous de moi, Monseigneur ?

MATHIAS BROWER.

Je veux d'abord, mon cher ami, que vous renonciez enfin à votre air stupide...

FRIDOLIN.

Comment ?

MATHIAS BROWER.

Avec moi, voyez-vous, c'est parfaitement inutile... Jusqu'à présent, vous avez très bien joué votre rôle, j'en conviens, et certainement tout autre moins perspicace que moi vous prendrait encore à l'heure qu'il est pour un grand imbécille.

FRIDOLIN.

Permettez, permettez...

MATHIAS BROWER.

Une espèce d'idiot...

FRIDOLIN.

Encore !

MATHIAS BROWER.

Un crétin...

FRIDOLIN.

Par exemple !

MATHIAS BROWER.

Mais ce n'est pas Mathias Brower qu'on prend à pareille glu... Voyons, voyons, lâchez la bride à votre esprit, et convenez franchement entre nous que vous êtes un rusé et astucieux compère.

FRIDOLIN.

Moi ?..

MATHIAS BROWER, sévèrement.

Oui, vous... vous que je vais interroger et qui allez me répondre.

CLAES, à part.

Tout serait perdu ! (Haut, en soulevant la portière du fond.) Entrez, entrez, bonne femme.

(Jeanne et Niocelle paraissent et Claes leur parle bas).

SCÈNE III.

LES MÊMES, JEANNE, NIOCELLE, puis ULRICK.

MATHIAS BROWER.

Que fais-tu donc ? Elles pouvaient bien attendre la fin de mon interrogatoire... Voyons, qu'elles nous laissent.

CLAES.

Mais il est trop tard, Monseigneur... car voilà le chevalier.

MATHIAS BROWER.

Ah ! diable !.. (A Fridolin.) Allons, ce sera donc pour une autre fois.

FRIDOLIN.

Ouf... m'en voilà quitte !

(Ulrick paraît, et en entrant il va s'élancer vers sa mère. Claes lui montre le justicier et il s'arrête. Moment de silence).

MATHIAS BROWER, avec intention.

Sire Arundel... cette bonne femme... cette obscure vassale... qui avait cru vous reconnaître... et que vous ne connaissez pas... a désiré vous voir et vous parler avant son départ... Je lui ai dit que vous auriez certainement grand —plaisir à l'entendre.

ULRICK.

Et vous ne l'avez pas trompée, Monseigneur.

MATHIAS BROWER, se croisant les bras.

Vous pouvez donc parler, bonne femme... nous vous écoutons... (Silence.) Eh bien ! vous ne dites rien... vous n'aviez donc rien à dire ?

CLAES.

C'est que la présence d'un aussi grand personnage que vous, Monseigneur, l'intimide sans doute... Tenez, voyez, elle est toute tremblante... et je suis sûr que tant que vous serez là elle ne pourra pas dire un seul mot.

MATHIAS BROWER.

Cependant, les devoirs de ma charge...

ULRICK.

Comment?... Votre maître vous a-t-il donc prescrit d'assister aux audiences que je donne ?

MATHIAS BROWER.

Non, pas précisément ; mais il m'est enjoint de faire reconduire ces deux femmes au bourg de Saint-Donat, avec une escorte de nos gardes.

ULRICK.

Eh bien ! veuillez donc faire attendre un moment l'escorte, elles vous rejoindront tout-à-l'heure.

MATHIAS BROWER, à part.

Allons, c'est fini, je ne saurai rien ! Oh ! mais plus tard, plus tard !.. (Haut.) Puisque décidément je suis de trop, je me retire.

(Il fait un signe de menace en sortant).

SCÈNE IV.

LES MÊMES, moins MATHIAS BROWER.

ULRICK, allant vivement à Jeanne, dont il porte la main à ses lèvres.

Ma mère !

JEANNE, le pressant sur son cœur.

Mon enfant !... m'avoir renié, toi !

ULRICK.

Pardonnez-moi, ma mère... il m'en a bien coûté, croyez-le, d'en être réduit là... Mais vous reconnaître c'était me perdre, car c'était dire au comte que je l'avais trompé... et vous savez combien sa justice est sévère et inflexible !... Que je sois vainqueur au tournoi, et quelque chose me dit là que je le serai... j'irai combattre en Terre-Sainte alors ; et là, dévouant chaque jour ma vie, je me ferai pardonner à force de gloire la faute que j'ai commise ici... et je vous rapporterai tout à la fois honneurs et fortune... Vous pourrez vous montrer alors heureuse et fière de votre fils !

JEANNE.

Heureuse, mais ne le suis-je pas?.. Fière, mais n'aurais-je pas droit de l'être de ta seule loyauté ?...

ULRICK.

Mais elle, ma mère, ma Niocelle bien-aimée ?

NIOCELLE.

Moi, Ulrick !.. Et qu'ai-je besoin au-delà de ton amour ? Ces trésors, ces honneurs que tu veux me donner, j'en ai peur, moi... il me semble que le malheur doit venir avec eux.

ULRICK.

Non, non, rassure-toi, c'est le bonheur aussi que je te rapporterai !

(On entend un appel de trompettes).

CLAES.

Ecoutez, maître... c'est le premier signal du tournoi.

ULRICK.

Il faut donc nous séparer encore, ma mère.

JEANNE.

Mais ne nous diras-tu pas au moins d'où te viennent ce titre et ce nom que tu portes ?

ULRICK.

Plus tard, ma mère, vous saurez tout... Le titre, je gagnerai le droit de le garder ; le nom, je le quitterai quand j'aurai rendu le mien plus illustre... Ce qui ne changera pas en moi, quelle que soit ma fortune, c'est ma tendresse et mon respect pour vous, ma mère, et mon amour pour l'ange que je laisse en votre garde et celle de Dieu !

JEANNE.

Tu me jures donc ici de ne jamais songer à une autre union ?

ULRICK.

Je vous le jure, ma mère !

JEANNE, à Fridolin.

Vous avez entendu son serment, maître, jurez-moi à votre tour de ne jamais souffrir qu'il devienne parjure.

FRIDOLIN.

Jamais ! jamais ! quant à ça !..

UN ÉCUYER, paraissant à l'entrée de droite.

L'escorte vous attend, Jeanne Martens.

(Second appel de trompettes).

ULRICK.

Et l'on m'appelle aussi... (Bas.) Adieu, ma mère!

JEANNE, de même.

Dieu te garde, mon fils!

(Il sort avec Claes et Fridolin par la gauche; Jeanne et Niocelle sortent avec l'écuyer par la droite. — Changement à vue.)

Quatrième tableau.

LE PARJURE.

Le théâtre représente une des extrémités de la lice préparée pour le tournoi, et qui est censée se prolonger dans la coulisse à gauche. A droite, une riche estrade, ornée de trophées d'armes et de riches bannières. Au-delà de l'estrade, du même côté, de vastes tribunes remplies de curieux. L'extrémité de ces tribunes atteint le cinquième plan vers le tiers de la scène, à partir de cette extrémité, des arbres alignés et distancés également sont plantés parallèlement à la rampe et vont se perdre ou se continuer dans la coulisse à gauche. On aperçoit au-delà des arbres et entr'eux la ville de Bruges se détachant sur un ciel brillant. La barrière de la lice part du deuxième plan à gauche et va joindre l'extrémité des tribunes à droite. La partie du milieu s'ouvre seule pour livrer passage aux chevaliers.

SCÈNE I.

BAUDOUIN, ODYLE, ULRICK, CLAES, FRIDOLIN, PREMIER HERAUT, puis MATHIAS BROWER, un envoyé de l'empereur d'Allemagne.

(Au lever du rideau, Baudouin est assis sur l'estrade auprès de la princesse Odyle. Derrière eux sont les femmes de la princesse. Au pied de l'estrade les hérauts et les hommes-d'armes. A la barrière, deux hérauts. Les chevaliers qui ont déjà combattu sont du premier au deuxième plan à gauche, rangés de manière à ne pas masquer la vue du tableau. Une brillante fanfare se fait entendre, Ulrick arrive au grand galop de la coulisse à gauche; la barrière est levée, il sort de la lice et met pied à terre.. Claes prend la bride du cheval et le conduit vers l'avant-scène à gauche auprès de Fridolin. En voyant arriver Ulrick, toutes les dames agitent leurs mouchoirs blancs, et une immense acclamation se fait entendre. Ulrick va s'incliner devant Baudouin et la princesse, et vient ensuite prendre son rang à l'avant-scène à gauche.)

LE PREMIER HÉRAUT, à Baudouin.

Sire Comte, le chevalier de Neubourg a brisé la lance des dix premiers chevaliers; sire Arundel d'Angleterre vient de combattre et de vaincre les dix seconds; qu'ordonnes-tu maintenant?

BAUDOUIN.

Que la lutte s'achève entre les deux vainqueurs. Le prix sera au plus heureux et au plus vaillant.

(Au moment où Ulrick et Neubourg, après s'être serré cordialement la main et donné l'accolade, vont remonter à cheval, un écuyer entre vivement).

L'ÉCUYER.

Sire Comte, un envoyé de l'empereur d'Allemagne arrive à l'instant de Cologne, et demande à être admis en votre auguste présence.

BAUDOUIN.

Qu'il vienne.

(Mathias Brower sort et reparaît aussitôt avec l'envoyé qui s'approche de l'estrade, s'incline et remet à Baudouin un rouleau de parchemin. Après avoir jeté les yeux sur cet écrit, Baudouin descend de l'estrade).

BAUDOUIN.

Sire Arundel, et vous noble et brave Neubourg, vous ne pouvez plus lutter l'un contre l'autre.

FRIDOLIN, bas.

Ah! nous y voilà... tout est découvert!

CLAES.

Taisez-vous donc!

BAUDOUIN.

L'ordre que je reçois ici de me mettre moi-même à la tête du contingent de Flandre, pour la prochaine croisade, me force de changer les conditions du tournoi; et le prix que je veux offrir en échange de celui que la volonté de l'empereur me contraint de retirer, l'un de vous deux n'y peut prétendre.

FRIDOLIN.

C'est clair.

CLAES.

Oh! taisez-vous.

BAUDOUIN.

En partant pour la Terre-Sainte, je dois laisser un vaillant défenseur à mes peuples, un noble et loyal protecteur à ma fille bien-aimée. Neubourg, vous êtes fiancé, je crois, à la belle châtelaine d'Aremberg. (Neubourg s'incline en signe d'affirmation.) Quant à vous, sire Arundel, je sais que vous êtes libre de tout engagement...

FRIDOLIN.

Par exemple!

(Claes lui met la main sur la bouche.)

BAUDOUIN.

Et après le signalé service que vous nous avez rendu, cette certitude est pour moi un bonheur.

(Il va dire quelques mots à voix basse à sa fille.)

ULRICK.

Que signifie?

FRIDOLIN.

Je n'en sais rien... mais il te croit libre, il faut le détromper.

CLAES.

Le détromper, et avouer toute notre fraude, n'est-ce pas, pour que la potence se dresse et qu'on vous y accroche avec nous?

BAUDOUIN, revenant.

Neubourg, à vous qui n'êtes plus libre, le commandement, sous nos ordres, du contingent de Hainaut... Quant à vous, sire Arundel, vous allez savoir ce que ma reconnaissance réserve à votre courage et à votre loyauté. Messire Mathias Bower, faites annoncer à notre peuple, qu'en la cathédrale de Cologne, et sous les yeux de l'empereur qui nous y donne rendez-vous, Odyle de Flandres, notre fille bien-aimée, sera unie en mariage à sire Arundel d'Angleterre, son sauveur, et l'un des vainqueurs du tournoi.

ULRICK.

Est-il possible?

FRIDOLIN, bas.

Mais non, ça ne l'est pas... Tu vas refuser, j'espère.

CLAES.

Refuser... devant toute cette cour; devant tout ce peuple, un pareil éclat!.. mais ce serait folie!.. Plus tard!..

FRIDOLIN.

Non... tout de suite... Je n'entends plus rien... je m'insurge.

(Il passe vivement entre Baudouin et Ulrick, qui recule interdit.)

BAUDOUIN.

Que veut cet homme?

FRIDOLIN.

Prince... Monseigneur... Sire Comte... c'est une infamie!... J'ai une déclaration à vous faire... il y a long-temps que ça me pèse là... ça m'étouffe... et je vais parler enfin!

CLAES à Ulrick.

Mais s'il parle, tout est perdu!

ULRICK, prenant le petit mors magique.

Qu'il se taise donc, *je le veux*.

(Fridolin paraît hésiter.)

BAUDOUIN.

Eh bien, parle... qu'attends-tu?

FRIDOLIN.

Oui, sire Comte... Voilà ce que c'est... ce chevalier...

(Ulrick dirige vers lui le mors magique. Fridolin continue alors à remuer les lèvres, en gesticulant beaucoup, mais sans rien faire entendre.)

MATHIAS BROWER.

Comment?.. Mais parle donc plus haut... moins vite... Quoi?.. Mais qu'a-t-il donc?

(Tout le monde regarde Fridolin avec étonnement; Ulrick laissant tomber le mors, sa langue se délie.)

FRIDOLIN.

Voilà!.. et ce que je viens d'avoir l'honneur de dire à Votre Altesse est l'exacte vérité.

BAUDOUIN.

Es-tu fou, brave homme?... nous n'avons pas entendu un seul mot.

FRIDOLIN.

Il me semble pourtant que je me suis expliqué assez clairement... Enfin... quoi qu'il puisse m'en coûter de recommencer des aveux... si pénibles, puisque Votre Altesse le désire, je recommence... Je disais donc que le chevalier... (Ici même jeu d'Ulrick avec le mors; seulement, cette fois, Fridolin dit: ao, ao, ao, jusqu'à ce que le mors soit remis dans la ceinture. Fridolin termine alors ainsi.) J'espère qu'à présent Votre Altesse sait parfaitement à quoi s'en tenir.

MATHIAS BROWER.

Mais ce misérable insulte à la majesté souveraine!.. Gardes!..

BAUDOUIN.

Non, non, il n'est qu'insensé... car il n'oserait à ce point se jouer de nous!... Qu'on l'enferme et qu'on lui donne tous les soins qu'exige son triste état.

FRIDOLIN, exaspéré.

Mais quand je vous dis!..

(On l'entraîne malgré ses cris qu'on étouffe en le bâillonnant. Zamba, que tout cela a fort égayé, prend un de ses bras et sort avec lui. — Les trompettes des hérauts retentissent cinq fois, et une troisième rayure disparaît de la housse.)

ULRICK, avec dépit.

Cinq ans de ma vie pour le silence de cet homme!

CLAES.

C'est un peu cher!.. mais la gloire... mais une couronne de prince, peut-être...

BAUDOUIN, lui prenant la main.

Venez, chevalier... (Il le conduit à la princesse.) Odyle, voilà votre époux!

(Ulrick met un genou sur les marches de l'estrade, et Odyle lui remet l'écharpe. Une fanfare brillante se fait entendre; les acclamations de la foule y répondent. Toutes les bannières s'agitent. La toile tombe sur ce tableau.)

FIN DU PREMIER ACTE.

ACTE II.

Premier tableau.

LE SONGE.

Le théâtre représente une chambre gothique, à pans coupés, du palais impérial de Cologne. Au fond, et devant le pan du milieu, est un lit sur une estrade, la tête au mur et le pied vers l'avant-scène. Ce lit est surmonté d'un riche baldaquin, dont les rideaux de damas vert et or sont fermés. Tout autour de la chambre, dans des niches, des statues de génies dont chacune tient une harpe, et a une étoile sur le front. Dans la niche de droite, à la hauteur du milieu du lit, est une statue qui tient une palme et a une couronne d'étoiles sur la tête. Au premier plan, à gauche, croisée à vitraux de couleur; au même plan, à droite, porte d'entrée.

SCÈNE I.

ULRICK, CLAES; puis JEANNE et les GÉNIES.

(Il fait nuit. La scène n'est éclairée que par une petite flamme rouge allumée sur le front de Claes, qui a repris le costume diabolique qu'on lui a vu dans le prologue. Claes soulève un coin du rideau, au pied du lit, et regarde Ulrick qui est couché tout habillé.)

CLAES.

Il dort toujours... Quel air de triomphe dans ses traits! Grâce à moi, Niocelle, sa gente et douce fiancée, est loin de sa pensée, maintenant!.. Depuis notre arrivée à Cologne, dans ce palais où l'empereur lui-même lui a donné l'hospitalité, il ne pense pas que rien puisse désormais faire obstacle à sa fortune... Il se voit déjà l'heureux époux de la belle Odyle de Flandre... Il touche au trône!.. Oui, réjouis-toi, rêve toujours, pauvre fou, et sois à nous ensuite, à nous pour l'éternité à ton dernier réveil!.. Mais il s'agite... qu'est-ce donc?.. Un songe nouveau qui vient à lui, et lui apporte le repentir... Nous échapperait-il?.. Que faire?.. Je ne puis l'éveiller, moi... Tant qu'il dort, mon empire cesse... Cette agitation nouvelle... s'éveillerait-il?.. Non, malédiction! c'est le songe!..

(On entend un prélude de harpes; la flamme allumée sur le front de Claes s'éteint, et l'obscurité la plus profonde règne un moment. Bientôt les étoiles de marbre qui surmontaient le front des génies sont devenues lumineuses. Les harpes de pierre paraissent d'or; des figures animées remplacent les masques de pierre des statues, dont les mains font résonner les harpes d'or.)

CHŒUR DES GÉNIES.

Dieu de bonté, Dieu de clémence,
De sa mère vois la douleur.
Détourne de lui ta vengeance,
Et que la foi rentre en son cœur!

(Pendant ce chœur, Jeanne, dont la figure a remplacé celle de la 1re statue, semble glisser sur la balustrade jusqu'au lit de son fils, vers qui elle étend sa palme, qui est devenue aussi une palme d'or. Les rideaux du lit se sont soulevés en même temps. A mesure que Jeanne a ainsi avancé vers le lit, Claes s'est senti repoussé, et a glissé en arrière, malgré ses efforts, jusqu'à la muraille opposée.)

ULRICK, d'une voix faible.

Ma mère!.. est-ce vous?

JEANNE.

Oui, mon enfant, oui, c'est moi qui viens te tendre la main sur le bord de l'abîme... Renonce à l'ambition et à l'imposture... Romps le pacte horrible qui te lie!.. Veux-tu tuer ta mère, Ulrick?.. Tu l'as reniée déjà... elle te pardonne pourtant... Niocelle, ta fiancée, te pardonne aussi, et t'appelle... Mon fils, mon fils, reviens à nous... J'offre à Dieu ma vie, pour sauver ton âme!

ULRICK.

Ma mère... je vous promets... oui...

(Il se soulève et étend les mains vers sa mère qui glisse à reculons jusqu'au point d'où elle est partie. Toutes les étoiles lumineuses disparaissent; les harpes et la palme redeviennent de la pierre, et les figures animées reparaissent en marbre. En même temps que Jeanne a glissé à reculons, Claes a glissé à son tour en avant, et a ainsi regagné la place qu'il occupait au pied du lit, dont les rideaux se sont refermés, au même moment; des cris au secours! arrêtez! arrêtez! se font entendre sous la fenêtre.)

ULRICK, s'éveillant en sursaut.

Qu'y a-t-il?.. quels sont ces cris?..

(Il sort du lit.)

CLAES, ouvrant le volet de la fenêtre.

Ce n'est rien... quelqu'un qui fuit, et qu'on poursuit dans la rue voisine... (Le jour paraît.) Mais qu'as-tu donc, maître? qu'est devenu ce sourire de triomphe que tout-à-l'heure encore, je voyais sur tes lèvres pendant ton sommeil?

ULRICK.

Je souffre, Claes, je suis malheureux!..

CLAES.

Malheureux, quand tu touches un but que tu n'osais même entrevoir; quand la plus belle princesse de la chrétienté va te donner sa main!..

ULRICK.

Non, je renonce à tout... Tiens, reprends ce talisman... il me coûte trop déjà!.. je n'en veux plus.

CLAES.

Je conçois... Tu regrettes les quinze années dépensées pour tes trois premiers vœux... Mais qui te force d'en faire un quatrième?

ULRICK.

Non, non, ce ne sont pas mes années perdues que je regrette!.. c'est... Oh! mais non... je ne t'en dirai pas plus... tu rirais encore de ce que tu appelles ma faiblesse.

CLAES.

Non, je te plaindrais... Voyons, parlons raison... Tu as fait un songe... Moi, tandis que tu rêvais, j'ai vu la réalité... J'ai vu que la princesse Yolande de Thuringe, inquiète de l'absence prolongée de son premier messager, en a envoyé un second à l'abbé de Saint-Donat; que de l'abbaye ce second messager ira chez ta mère, et qu'alors Richard...

ULRICK, frémissant.

Richard?

CLAES.

Richard sera reconnu, et si ton mariage ne s'achève aujourd'hui; il arrivera assez à temps pour l'empêcher, te démasquer et te perdre.

ULRICK.

Richard!.. Oh! non cela ne sera pas!

CLAES.

Et puis, songes-y bien.. en renonçant à la princesse, ce qui serait pour elle et pour son père le plus sanglant affront, tu exposerais, non pas ta vie, sans doute, car elle doit avoir son cours, et Richard l'obtiendrait pour toi...

ULRICK.

Richard!

CLAES.

Oui, il te prendrait en pitié... Tu vivrais donc... Mais à Baudouin, il faudrait une vengeance... Tu vivrais, mais pour la honte, l'infamie, la prison, des tortures continuelles... Eh bien?..

ULRICK.

Eh! bien, non, Richard n'aura pas ce triomphe! j'épouserai Odyle... je serai prince, et si je succombe après... eh bien! Richard, du moins, ne pourra jamais atteindre plus haut que moi!

CLAES.

A la bonne heure, voilà que tu redeviens raisonnable.

ULRICK.

Mais rien après cela, j'y suis résolu... Reprends donc ce talisman, encore une fois... il m'est inutile désormais.

CLAES.

Qui sait? garde-le toujours, sauf à ne pas t'en servir... Car, fais-y bien attention, si je l'emporte, tu pourras bien me rappeler et me le redemander encore dans les vingt-quatre heures... mais ce ne sera plus cinq ans, c'en sera dix alors que te coûtera chaque vœu.

ULRICK.

Je n'en veux plus, te dis-je... Tiens.

(Au moment où il tend de nouveau le mors magique à Claes, on frappe à la porte.)

ULRICK.

Qui frappe là?

FRIDOLIN, en dehors.

Ouvrez, ouvrez, c'est moi.

ULRICK.

Fridolin ici!.. comment se fait-il?.. Ouvre, Claes.

(Claes va ouvrir la porte qu'il tire à lui et qui le cache; quand il la referme après l'entrée de Fridolin, son costume diabolique a disparu, et il a repris celui de page.)

SCÈNE II.

LES MÊMES, FRIDOLIN.

ULRICK.

C'est vous, maître... on vous a donc rendu la liberté enfin?

FRIDOLIN.

On ne m'a rien rendu du tout... je me suis sauvé... par escalade.

CLAES.

Une escalade! avec un physique comme ça... nous revenons donc aux miracles!

FRIDOLIN.

Je ne vous parle pas, à vous, drôle!.. (A Ulrick.) Imagine-toi qu'on m'avait enfermé dans une espèce de cage où l'on me jetait de l'eau sur la tête toute la journée... sous prétexte que j'étais fou... c'était à le devenir!.. Je ne sais qui diable a pu leur donner cette idée là... Ils prétendent que là-bas, au tournoi, j'ai parlé très long-temps, sans rien dire... c'est possible... mais je ne suis ni le premier, ni le seul... sans compter les avocats... après ça, c'est peut-être la colère qui avait paralysé ma langue.

CLAES, riant.

Oui, peut-être.

FRIDOLIN.

Je vous ai déjà dit que je ne vous parlais pas... Enfin, un beau soir, il ont oublié de fermer ma cage... je suis parti lestement...

CLAES.

Lestement?..

FRIDOLIN.

Veux-tu bien te taire! Et enfin, me voici... Heureusement, rien n'est fini, encore, n'est-ce pas?

ULRICK.

Non, mais, ce matin...

FRIDOLIN.

Oh! ce matin, comme je serai là, j'y mettrai bon ordre.

ULRICK.

J'espère, au contraire, maître, que vous voudrez bien enfin ne plus faire obstacle à mes volontés,

FRIDOLIN.

Comment? tu consommerais le parjure?

ULRICK.

Quelqu'un!.. silence!..

SCÈNE III.

LES MÊMES, UN ECUYER.

L'ÉCUYER.

Sire Arundel, l'Empereur et notre seigneur et maître, le comte de Flandres vous attendent dans la salle du trône, d'où le cortège partira pour se rendre à la cathédrale.

ULRICK.

Il suffit... Je vous suis à l'instant.

(L'écuyer sort.)

SCÈNE IV.

LES MÊMES, moins L'ÉCUYER.

FRIDOLIN.

Ainsi, malgré tout ce que je puis dire, tu es donc bien décidé?..

ULRICK, le repoussant.

Oui, je me lasse enfin de cette persécution... Laissez-moi! (Tendant le mors à Claes.) Tiens, Claes.

FRIDOLIN.

Ah! c'est comme ça? Eh! bien, je te sauverai malgré toi!.. Non, tu ne te parjureras pas, et pour t'en empêcher j'irais plutôt je ne sais où... Tiens... à l'autre bout du monde... Dans la lune, même s'il le fallait!

ULRICK.

Eh! bien, allez-y... ne fût-ce que jusqu'à demain... Tout serait fini alors!

FRIDOLIN, reculant d'étonnement.

Quoi? tu aurais vraiment le cœur de m'envoyer... si loin que ça?

ULRICK.

Oui.

FRIDOLIN, exaspéré.

Tu veux que j'aille dans la lune?..

ULRICK, tendant toujours le mors à Claes.

Oui, *je le veux*!

(Les mots je le veux ne sont pas plutôt prononcés, que Fridolin tombe à la renverse sur le lit qui disparait et est remplacé par un énorme filet dans lequel se débat le pauvre diable, et qui est emporté vers le fond qui s'ouvre, par une bande d'oies sauvages, dont chacune tient un fil, et qui, en battant des ailes font entendre cinq cris. Une rayure s'efface de la housse.)

ULRICK.

Malédiction!.. ah! c'en est trop!..

(Il jette le mors magique à Claes et fuit par la porte de gauche. Claes disparait sous terre en riant aux éclats.

Deuxième tableau.

L'EPREUVE DU FEU.

Le théâtre représente, à gauche, le portail de la cathédrale de Cologne; à droite, des maisons et boutiques d'une place publique. Au fond, une rue montante, par laquelle on arrive à la place; à l'extrémité de cette rue, une arcade. A gauche, au-delà du portail, une fontaine entourée de bornes, et des bancs de pierre sur lesquels on peut monter. A toutes les fenêtres de la rue montante et de la place, des curieux.

SCÈNE I.

DJINA, BOHÉMIENS, MALANDRINS, PEUPLE.

(Au lever du rideau, des groupes s'agitent, des hommes remontent la grande rue pour voir si la tête du cortège parait. Deux bourgeois et quelques matrones sont du côté du porche. Djina et quelques Bohémiens et Malandrins sont du côté opposé.)

UNE BOURGEOISE.

Je vous dis, père Mathurin que ça ne peut pas tarder... ça doit être pour dix heures, et nous n'en sommes pas loin.

MATHURIN.

Ça sera donc bien beau ce mariage?

LA BOURGEOISE.

Dame! je crois bien, puisque l'empereur d'Allemagne est venu tout exprès à Cologne pour y assister... Allons bien vite prendre nos places sur le pont, croyez-moi.

PREMIER BOHÉMIEN, à Djina.

Tiens, mère, nous avons gardé cette chaîne pour ta part...

DJINA.

De la dépouille du beau sire Arundel, c'est bien... mais qu'avez-vous donc fait de son armure, mes fils?

PREMIER BOHÉMIEN.

Son armure... damnation!.. on nous l'a volée!.. Mais le voleur est ici; nous l'avons reconnu, et nous allons...

DJINA.

Vous allez le laisser en paix épouser la belle Odyle de Flandre.

PREMIER BOHÉMIEN.

Lui!.. un vil vassal!.. Et qui donc a eu l'idée de ce beau mariage?

DJINA.

Qui sait? c'est peut-être moi...

PREMIER BOHÉMIEN.

Toi? et pourquoi?

DJINA.

Pourquoi? Et depuis quand Djina, la reine des Bohèmes et Malandrins, vous doit-elle compte de ses projets? Vous laisserez en paix votre voleur suivre sa destinée, parce que je le veux... rien de plus!

PREMIER BOHÉMIEN.

Soit, on t'obéira.

DJINA.

Et vous en serez récompensés en retrouvant ici, au centuple, ce que vous avez perdu... Un cortége impérial, ce n'est pas la pâture de tous les jours... Alerte donc, mes fils! guerre à l'escarcelle des curieux, aux joyaux d'or des jeunes filles!.. et cachez-vous bien dans la foule surtout... aux abords des petites ruelles, pour fuir au besoin et sauver le butin... Quand tout sera fait... le partage chez moi, entendez-vous... et pas d'infidélité... par l'enfer!..

LE BOHÉMIEN.

Tu sais bien que nous sommes honnêtes.

(Les cloches commencent à sonner.)

LE PEUPLE, courant.

Le cortége! le cortége!..

DJINA.

A vos postes!

(Djina se perd avec son monde dans la foule.)

SCÈNE II.

L'EMPEREUR D'ALLEMAGNE, BAUDOUIN, ODYLE, ULRICK, MATHIAS BROWER, HÉRAUTS, CHEVALIERS, ÉCUYERS, DAMES DE LA COUR, JUGES, CORPORATIONS, HOMMES D'ARMES, PAGES, PEUPLE.

(Une marche brillante se fait entendre, des gardes forment la haie depuis l'extrémité de la rue montante jusqu'au portail de la cathédrale, et contiennent le peuple, dont une partie monte sur des bornes, des bancs et des tréteaux, pour mieux voir. — Toutes les fenêtres s'ouvrent et se garnissent de curieux. — La tête du cortége paraît au fond de la rue, et le défilé commence. D'abord un piquet d'hommes à cheval qui se rangent au-delà du portail, puis les corporations avec leurs bannières, puis des joueurs d'instrumens, puis des magistrats, puis des pages, les hérauts, le roi d'armes; puis la bannière impériale et la bannière de Flandre. Puis l'Empereur et Baudouin sur de magnifiques coursiers. Ensuite viennent de jeunes enfans, vêtus en anges, qui jonchent la terre de feuilles de roses devant les pas d'Odyle et d'Ulrick, qui suivent sous un dais resplendissant, orné de crépines d'or, de fleurs et de plumes blanches. A la suite des fiancés, les demoiselles et dames de la cour en brillans costumes; puis un nouveau détachement de chevaliers suivis de hallebardiers. Une grande partie du cortége est entrée dans l'église. L'Empereur et Baudouin ont mis pied à terre et ont monté les marches du porche; les fiancés y sont venus après eux. Les autres cavaliers sont rangés au-delà du portail. — Mathias Brower s'avance alors sur la dernière marche, un peu en avant de l'Empereur, de Baudouin et des fiancés.)

MATHIAS BROWER.

Au nom de l'Empereur et du comte Baudouin, moi, grand justicier de Flandre et de Hénaut, je proclame et annonce à tous que très haute, très noble et très puissante damoiselle Odyle de Flandre va s'unir devant Dieu et nos seigneurs à très haut, très noble et très vaillant chevalier Arundel d'Angleterre. Personne ici ne s'oppose-t-il à ce mariage?

JEANNE MARTENS, cachée dans la foule.

Je m'y oppose, moi!

ULRICK, à part.

Grand Dieu! ma mère!..

SCÈNE III.

LES MÊMES, JEANNE MARTENS.

(Jeanne sort des rangs de la foule et s'avance seule dans l'espace laissé libre devant le porche. — Stupéfaction générale.

L'EMPEREUR.

Sais-tu bien ce que tu fais, malheureuse?

JEANNE.

Je sais ce que je fais, et ce que je fais est mon devoir.

L'EMPEREUR.

Quelles sont donc tes raisons?

JEANNE.

Mes raisons?.. je les dirai d'abord à celui que l'on vient de nommer le chevalier Arundel d'Angleterre, et si elles ne lui paraissent pas suffisantes pour le décider à renoncer lui-même à l'honneur qu'on veut lui faire... eh bien! alors, ces raisons, je les dirai à tous... et on nous jugera.

ULRICK, à part.

Malédiction!..

BAUDOUIN, descendant les marches.

Mais je reconnais cette femme... c'est la même qui est venue me demander justice à mon palais de Bruges.

JEANNE.

Oui, prince, et qui vient aujourd'hui vous payer dignement la bonne justice que vous lui avez rendue.

BAUDOUIN.

Que veux-tu dire ?

JEANNE, montrant Ulrick.

Ordonnez d'abord que cet homme vienne à moi et m'écoute seul quelques instans... Tout s'expliquera ensuite pour vous-même.

BAUDOUIN, à Ulrick.

Faites donc ce que cette femme demande, chevalier.

(Ulrick, dans le plus grand trouble, descend les marches du portail et va joindre sa mère. Odyle s'appuie, chancelante sur une de ses femmes, et entre dans l'Eglise, où l'Empereur et Baudouin la suivent avec intérêt. Les autres personnages demeurent où ils sont, à distance de Jeanne et d'Ulrick. Les gardes qui forment la haie repoussent la foule qui veut s'approcher, emportée par la curiosité.)

SCÈNE IV.

JEANNE ET ULRICK, seuls sur le devant.

ULRICK.

Vous voulez donc me perdre, ma mère ?

JEANNE.

Je veux te sauver et empêcher ton parjure... Malheureux, as-tu donc oublié déjà le serment que tu m'as fait devant Dieu ?

ULRICK.

Je n'ai rien oublié, ma mère... la fatalité seule m'a entraîné... Pour refuser l'honneur qui m'était offert, il fallait tout avouer... et faire cet aveu, c'était me couvrir d'infamie, affronter une mort certaine.

JEANNE.

Eh bien ! mieux valait mourir que de perdre ainsi ton âme !.. Et d'ailleurs, ce rang et ce nom que tu as si audacieusement usurpés, tu ne peux plus les garder maintenant.

ULRICK.

Comment ?

JEANNE.

Le frère d'armes de celui dont tu portes la dépouille, sans avoir sa mort à te reprocher, j'espère... (Geste affirmatif d'Ulrick.) Le chevalier Norfolk est arrivé à l'abbaye de Saint-Donat, pour faire reconnaître et proclamer la naissance de Richard.

ULRICK, à part.

Déjà !

JEANNE.

Et moi, effrayée du danger que la présence de ce nouveau messager d'Yolande pouvait te faire courir, je suis venue ici, je te le répète, pour empêcher ton parjure et te sauver.

ULRICK.

Me sauver... le pourriez-vous ?

JEANNE.

Oui... si tu répares, comme tu le dois, tout le mal que tu as déjà fait... Ecoute... Dans l'armure même de sire Arundel étaient cachées, je le sais, les preuves de la naissance de Richard. Remets librement ces preuves à celui qui fut ton frère... A ce prix, il te pardonnera.

ULRICK.

Richard, me pardonner !..

JEANNE.

Oui... et il obtiendra ta grâce de son père.

ULRICK.

Ma grâce !.. lui !.. Non... par l'enfer ! cela ne sera pas !

JEANNE.

Qu'oses-tu dire ?

ULRICK.

Ce Norfolk ne peut être ici avant quelques jours... Vous seule, vous savez mon secret... Eh bien ! donc, que mon sort s'accomplisse !

JEANNE.

Mais... c'est de la démence !.. Ecoute, Ulrick; il faut pourtant que la vérité soit connue... Je ne puis être ta complice, moi, et t'aider à dépouiller plus long-temps Richard du rang et de la fortune qui lui appartiennent...

ULRICK.

Toujours Richard !.. Et pour son triomphe, je devrais consentir à mon humiliation, à ma chute ?.. Non, jamais !

JEANNE.

Il faudra donc alors que je te dénonce, que je te livre ? moi, ta mère !

ULRICK.

Vous ne le ferez pas !..

JEANNE.

Je le ferai, Ulrick... Songes-y bien... Je donnerais mon sang pour toi... c'est le devoir d'une mère... mais le salut de mon âme, je ne te le dois pas... Ulrick, mon enfant, écoute-moi, je t'en conjure... Tiens, vois ces larmes de terreur... Je te prie encore, je te prie pour toi-même, pour te sauver... Pauvre insensé ! voyons, veux-tu que je tombe à genoux sur ces pierres, devant cette foule ?.. Ulrick, mon fils, céderas-tu enfin à ma prière ?

ULRICK.

Je ne puis...

JEANNE, se redressant.

A mon ordre, alors, à mon ordre donné au nom de la justice de Dieu !

ULRICK, d'une voix étouffée.

Non !

JEANNE.

Oh ! mais tu ne vois donc pas que la patience est près de m'échapper ; qu'il faut que tu cèdes, que c'est mon devoir et mon droit de t'y contraindre !.. qu'un mot, un seul mot de moi !..

ULRICK.

Si vous êtes ma mère, vous ne le direz pas !

SCÈNE V.

LES MÊMES, BAUDOUIN.

BAUDOUIN.

On vous attend à l'autel, chevalier... Selon ce qu'a annoncé cette femme, renonceriez-vous vous-même à l'honneur que j'ai voulu vous faire?

ULRICK, allant vers lui.

Y renoncer, moi... vous n'avez pu le croire, Monseigneur.

JEANNE, bas.

Prends garde, Ulrick !..

ULRICK.

Laissez-moi !

BAUDOUIN.

Mais alors, cette malheureuse s'est donc audacieusement jouée de nous ?.. Gardes !..

ULRICK.

Non, non... qu'on la laisse... cette femme...

BAUDOUIN.

Eh, bien !

ULRICK.

Elle est folle.

JEANNE.

Folle !.. Oh ! malheur donc et malédiction sur toi, misérable !.. Je te perdrai, Ulrick, puisque tu le veux !

BAUDOUIN.

Que dit-elle?

JEANNE.

A votre tour de m'entendre, comte Baudouin..

(Elle ôte d'un scapulaire un parchemin qu'elle remet à Baudouin.)

BAUDOUIN.

Que signifie?

JEANNE, bas à Baudouin.

Voyez... n'est-ce pas là la moitié de la lettre que vous avez envoyée à la princesse Yolande de Thuringe, en partant pour la dernière croisade ?

BAUDOUIN.

En effet... Mais comment se fait-il ?

JEANNE.

Dans la cuirasse du chevalier Arundel, à la place qui défend le cœur, vous trouverez l'autre moitié de cette lettre, et l'anneau que vous avez donné vous-même à la princesse en la quittant.

BAUDOUIN.

Est-il possible ? (A Ulrick.) Approchez, chevalier.

(Il va à lui, pousse un des boutons de sa cuirasse, dont un morceau s'ouvre par l'effet d'un ressort; il prend alors le papier et l'anneau.)

JEANNE.

Le chevalier Arundel d'Angleterre avait reçu ces gages de la princesse Yolande, pour vous les remettre, en vous présentant votre fils et le sien.

BAUDOUIN.

Mon fils !

JEANNE.

Oui, sire Comte, votre fils, que j'ai élevé; votre fils digne de vous par sa loyauté et son courage... Je vais vous le rendre ce fils, et pour vous le rendre, je perds le mien.

BAUDOUIN.

Le vôtre !.. le chevalier Arundel !..

JEANNE.

Le chevalier a été assassiné dans la forêt de Sarneim... Cet homme n'a de lui que sa dépouille... Cet homme est vassal de votre comté; cet homme est mon fils enfin !.. Ordonnez maintenant de son sort !

BAUDOUIN, levant sa hache sur Ulrick.

Misérable !...

DJINA, dans la foule.

Arrêtez !.. Sortilége !.. maléfice !..

LE PEUPLE.

Sortilége ! sortilége !..

SCÈNE VI.

LES MÊMES, DJINA la bohémienne, en costume de matrone.

ULRICK, à part.

Djina !

BAUDOUIN.

Qui ose ici ?..

DJINA, s'approchant.

Oublies-tu donc, comte de Flandre, que c'est au courage et au dévouement de ce chevalier que tu dois la vie de ta fille? Une seule voix l'accuse, une seule... et ta hache se lève déjà pour le frapper !.. Qui te prouve pourtant que tout ce que tu viens d'entendre n'est pas une machination infernale pour perdre ce noble jeune homme ?.. Il est son fils, dit cette femme..

mais a-t-il reconnu sa mère, lui? a-t-il avoué le crime qu'elle lui impute? et ces gages qui t'ont si bien trompé, ce secret de l'armure, tout cela ne peut-il pas être œuvre satanique, fraude et sortilége? Elle est sa mère, cette femme, sa mère!.. elle!.. mensonge! comte Baudouin, mensonge!.. Si elle était sa mère, l'aurait-elle voué à la mort?

BAUDOUIN, à Jeanne.

Qu'as-tu à répondre?

JEANNE.

Qu'il vous réponde, lui!

BAUDOUIN, à Ulrick.

Parlez donc!

ULRICK.

N'ai-je pas répondu déjà, sire Comte?

JEANNE.

Oui, je suis folle, n'est-ce pas? et tu me renies encore!

DJINA.

Contre la magie et les maléfices de l'enfer, entre l'accusation et le désaveu, il n'y a qu'une épreuve, celle du feu, nous le savons tous... Ordonne donc cette épreuve, Baudouin... que celle qui accuse la subisse la première, et alors la vérité sera connue.

LE PEUPLE, excité par les agents de la bohémienne.

Oui, oui; le feu! le feu!..

(Sur un signe de Baudouin, le bourreau et ses aides apportent un trépied sur lequel est allumé un feu ardent. Les tourmenteurs soufflent et attisent le feu. Mathias Brower remet la main de justice au bourreau. Tout le monde sort de l'église et s'avance sous le porche.)

LE PREMIER HUISSIER, au peuple qui s'agite.

Silence! peuple.... Respect à la justice de Dieu!

SCÈNE VII.

TOUS LES PERSONNAGES DU TABLEAU.

BAUDOUIN, au bourreau.

Mettez cette main de justice dans le brasier... (A Jeanne.) Et toi, qui accuses, iras-tu l'y prendre?

JEANNE.

Avec l'aide du ciel, oui, je l'y prendrai!

(Les tourmenteurs attisent de nouveau le feu. Le trouble d'Ulrick augmente d'instant en instant. La foule est attentive. Odyle est dans la plus grande anxiété. Baudouin promène son regard de Jeanne à Ulrick.)

BAUDOUIN, à Jeanne.

Va, maintenant.

JEANNE.

Mon Dieu! c'est à toi que j'en appelle!

(Elle s'avance d'un pas ferme vers le trépied.)

ULRICK.

Non, non... arrêtez!.. C'est infâme! impossible! je ne le veux pas, moi!.. (Il s'élance.) Grâce, ma mère! grâce!.. J'avoue tout!

(Il tombe aux pieds de Jeanne, qui lui montre le ciel d'un air inspiré. Stupéfaction générale. — Baudouin lève de nouveau sa hache sur Ulrick; mais Richard sort de la foule et se jette au-devant de lui pour l'arrêter. — La toile baisse sur ce tableau.)

ACTE III.

Premier tableau.

LA PRISON.

Le théâtre représente une salle souterraine, dont la voûte peu élevée est soutenue par des groupes de petites colonnettes gothiques. A droite, une porte communiquant à un cachot. A gauche, la porte communiquant à l'extérieur. Cette décoration est peinte de manière à paraître circulaire. Tout autour on voit les instrumens de torture du moyen-âge.

SCÈNE I.

MATHIAS BROWER, JACOBS, le bourreau, tourmenteurs et gardes.

(Au lever du rideau, Jacobs examine quelques-uns des instrumens de torture et donne de ordres à voix basse à ses aides.)

MATHIAS BROWER, entrant par la porte de gauche.

Où est le prisonnier, maître Jacobs?

JACOBS.

Dans le cachot de l'agonie, Monseigneur.

MATHIAS BROWER.

Qu'on l'amène devant moi.

JACOBS.

Oui, Monseigneur. (Aux gardes.) Allez chercher le patient.

MATHIAS BROWER.

Le patient, c'est bien ça, le mot est des mieux trouvés... Il lui en faudra de la patience tout-à-l'heure, à la question!.. Quand je pense, maître Jacobs, que j'ai failli perdre ma place et ma tête même, ma propre tête, par suite des méfaits de ce misérable!.. Heureusement, l'heure de la revanche est arrivée, et le malandrin va me payer cher tous les affronts qu'il ma valus!..

SCÈNE II.

LES MÊMES, ULRICK, les tourmenteurs.

(En entrant, Ulrick jette son manteau sur la table de pierre.)

MATHIAS BROWER.

Approche, Ulrick Martens.

ULRICK.

Que me voulez-vous?

MATHIAS BROWER.

Je veux te lire ta sentence, malandrin, et que tu m'écoutes avec le respect que tu dois au tribunal suprême.

ULRICK.

Lisez donc.

MATHIAS BROWER.

Chaperon bas, pour m'entendre!.. (Un des tourmenteurs avance la main vers le chaperon qu'Ulrick ôte lui-même.) Je lis.

ULRICK, se croisant les bras.

J'écoute.

MATHIAS BROWER, lisant.

« Au nom de Baudouin de Flandre et de Hé» naut, le tribunal suprême, assemblé par son » ordre souverain, ouï les charges de l'accusa» tion et l'accusé dans sa défense, condamne le » vassal Ulrick Martens, comme faussaire et » meurtrier, à périr sur la roue, après amende » honorable à la porte de la cathédrale, où il » sera conduit tête et pieds nus, par le bour» reau. » Tu as entendu?

ULRICK.

Oui, et je suis prêt à mourrir... Mais cette sentence ment : je n'ai point commis de meurtre.

MATHIAS BROWER.

C'est ce que la question va nous dire au plus juste.

ULRICK, ému.

La question!

MATHIAS BROWER.

Oui, noble chevalier, la question... en notre présence.... et jusqu'à ce qu'aveu s'en suive... Allons, maître Jacobs.

(Quatre tourmenteurs entourent alors Ulrick, et vont l'étendre sur la table de pierre, quand Jeanne entre en s'écriant : Arrêtez!

SCÈNE III.

LES MÊMES, JEANNE.

JEANNE, en entrant.

Arrêtez! arrêtez! vous dis-je!

MATHIAS BROWER.

Hein?.. qui donc a la prétention d'arrêter le cours de la justice, ici?

JEANNE.

Ton maître et le nôtre, Mathias Brower... Lis cet ordre de sa main.

(Elle lui remet un parchemin roulé.)

MATHIAS BROWER.

Que vois-je? un sursis!..

JEANNE.

Une grâce, j'espère... (A part.) Mais qu'Ulrick ignore que c'est à Richard qu'il la devra... il refuserait.

MATHIAS BROWER, après avoir lu.

Allons, puisque telle est la volonté de son Altesse, il suffit.. on va surseoir... Sortons, maître Jacobs.

(Le bourreau, les tourmenteurs et les gardes sortent avec Mathias Brower.)

SCÈNE IV.

ULRICK, JEANNE.

JEANNE, allant à lui.

Mon pauvre enfant!..

ULRICK, se jettant dans ses bras.

Ma mère!..

JEANNE.

Me pardonneras-tu de t'avoir réduit à un sort si misérable?

ULRICK, avec résignation.

Vous avez obéi à votre conscience... c'était votre devoir.

JEANNE.

Dieu t'a donc envoyé le repentir, Ulrick?

ULRICK.

Oui, ma mère.

JEANNE.

Ah! grâces lui soient rendues d'avoir ainsi sauvé ton âme!.. et ta vie sera sauvée aussi, je l'espère... car je mourrais, moi, vois-tu, si tu devais mourir... Ah! tu ne sauras jamais ce que j'ai souffert quand il m'a fallu t'accuser... Et quand la malédiction est sortie de ma bouche, crois-moi, va, je n'avais encore dans le cœur que des bénédictions pour mon fils coupable... Aussi, Dieu ne l'a pas entendue, cette malédiction... Ulrick, mon enfant chéri, Ulrick, que je perdais, a reconnu sa mère enfin, et s'est jeté au-devant du supplice qu'elle allait affronter!.. Oh! c'est alors que je t'ai aimé, mon enfant!.. Il n'y avait plus là d'ambitieux, d'imposteur, d'impie... C'était le fils le plus tendre, le plus respectueux qui baignait mes pieds de ses larmes!.. Ah! Dieu aurait pris ma vie pour cet instant de bonheur, que je ne l'aurais pas cru trop payé !..

ULRICK, avec effusion.

Ma mère !.. Mais... Richard ?..

JEANNE.

Richard... Eh ! que me fait Richard ?.. Pourquoi m'en parles-tu ?.. Est-ce qu'il est mon fils, Richard ?.. Est-ce que je dois maintenant mes pensées à un autre qu'à mon Ulrick ?.. Est-ce que je l'aime, moi, Richard ?.. Est-ce que je puis aimer quelqu'un au monde comme je t'aime toi ?.. Voyons, voyons, c'est à te justifier du meurtre de Sire Arundel qu'il faut songer maintenant.. car tu ne l'as pas commis ce meurtre, n'est-ce pas ?

ULRICK.

Non, ma mère, je vous le jure.

JEANNE.

Je te crois, oui... et d'avance, je l'ai dit à tous... Mais il faudrait le prouver... Baudouin, dont tu as sauvé la fille, consent à pardonner tout ce qui, dans tes actions, n'a offensé que lui seul... Mais il ne peut, dit-il, faire grâce à l'assassin du chevalier... Malheureusement, tous les indices sont contre toi... Ces armes, cette bannière, comment en es-tu devenu possesseur ?..

ULRICK.

Le hasard, ma mère... nous les avons trouvées dans la forêt... où elles avaient été abandonnées par les meurtriers du chevalier.

JEANNE.

Trouvées, oui, moi, je te crois... mais il faudrait que d'autres témoins... J'y songe... maître Fridolin était là, sans doute ?

ULRICK.

Oui, ma mère.

JEANNE.

On ne pourrait le soupçonner, lui, et son témoignage te sauverait... Il faut qu'on le fasse venir... On l'a laissé à Bruges, je crois... je cours auprès du comte...

ULRICK.

C'est inutile, ma mère... on ne trouverait plus maître Fridolin.

JEANNE.

Comment ?

ULRICK.

Il s'est échappé... il a fui...

JEANNE.

Lui... quel mystère !.. Mais que faire, alors, mon Dieu ! que faire ?

SCÈNE V.

LES MÊMES, FRIDOLIN.

FRIDOLIN, dans la coulisse.

Je vous dis qu'il faut absolument que je lui parle.

JEANNE.

C'est sa voix !

FRIDOLIN, toujours dans la coulisse, mais plus près.

Je suis son précepteur, presque son père... je reviens de... de très loin... et j'ai beaucoup de choses à lui dire.

(Il entre.)

JEANNE.

Ah ! maître, c'est le ciel qui vous envoie !

FRIDOLIN.

Le ciel... vous savez donc d'où je viens ?

(Ulrick lui fait signe de se taire.)

JEANNE.

Non, je ne le sais pas... mais d'où que vous veniez, c'est Dieu qui vous a conduit, puique vous arrivez pour sauver mon Ulrick... Oh ! oui, maintenant, il sera sauvé... Restez avec lui, maître... moi, je cours auprès de Baudouin, et je reviens avec sa grâce !.. Courage et bon espoir, mon fils... à bientôt !

(Elle lui tend la main qu'il porte à ses lèvres avec respect, et elle sort.)

SCÈNE VI.

ULRICK, FRIDOLIN.

ULRICK.

Mon bon maître !

FRIDOLIN.

Votre bon maître... Oui, prenez votre petit air calin, à présent !.. ça vous va bien, après le tour affreux que vous m'avez joué !.. Je n'ai rien voulu dire devant votre mère, pour ne pas la chagriner... mais oubliez-vous que je reviens de la lune, mauvais sujet ?

ULRICK, souriant.

Non, certes, je ne l'oublie pas... votre voyage me coûte assez pour cela ! Mais comment êtes-vous revenu ?

FRIDOLIN.

Parbleu ! comme j'étais parti, avec ces oies du Diable.

ULRICK.

Il y a donc déjà vingt-quatre heures que mon vœu fatal ?..

FRIDOLIN.

Non, en revenant, nous avons gagné une heure sur la route... en descendant, tu conçois, on va toujours plus vite.

ULRICK.

Et où êtes vous descendu, enfin ?

FRIDOLIN.

Tu ne t'en douterais jamais !.. Imagine-toi

que mon attelage emplumé, après avoir tournaillé de toits en toits pendant quelques minutes, m'a lâché juste au-dessus d'une énorme cheminée, et je suis tombé... où ?.. chez la bohémienne Djina.

ULRICK.

Chez Djina ?

FRIDOLIN.

Juste... Une très digne femme, que j'avais mal jugée dans le temps... car elle ne veut que ton bien et t'aime beaucoup, la pauvre créature, j'en suis sûr maintenant.

ULRICK.

Comment cela ?

FRIDOLIN.

D'abord c'est elle qui m'a annoncé que tu avais rompu ton pacte diabolique.

ULRICK.

Ah ! c'est elle ?

FRIDOLIN.

Oui... et puis elle m'a donné encore, à ton sujet, d'autres bonnes nouvelles, dont elle paraissait toute joyeuse, à cause de toi.

ULRICK.

Qu'est-ce donc ?

FRIDOLIN.

La première, c'est que Richard...

ULRICK.

Richard ?

FRIDOLIN.

Est décidément reconnu et proclamé fils et héritier de notre redouté comte de Flandre.

ULRICK.

Je sais cela.

FRIDOLIN.

Ah ! tu le sais... Et sais-tu aussi qu'il a demandé ta grâce à son père ?

ULRICK.

Lui ?.. C'est donc lui ?..

FRIDOLIN.

Sans doute... il a dit. à son auguste père que tu n'étais certainement qu'un fou.

ULRICK.

Il a dit cela ?

FRIDOLIN.

Oui ; mais que la leçon que tu viens de recevoir suffirait certainement pour te guérir..... Mais pourquoi marches-tu donc ainsi ?... on dirait que tu ne peux pas tenir en place... Qu'est-ce que tu as, voyons ?

ULRICK.

Rien, rien... poursuivez.

FRIDOLIN.

Je poursuis... mais tiens-toi tranquille... Il retournera dans son village, a ajouté Richard ; il y reprendra son modeste état et ses habits de bure, bien convaincu désormais qu'il n'a rien de plus à prétendre.

ULRICK.

Il a dit encore cela ?

FRIDOLIN.

Sans doute il l'a dit... Oh ! c'est un homme très sensé que Richard !

ULRICK.

Oui, très sensé... et très charitable pour moi, surtout !..

FRIDOLIN.

A propos, une autre bonne nouvelle... C'est encore la bohémienne qui me l'a donnée... Imagine-toi qu'il ne s'agit plus seulement de la principauté de Flandre pour Richard... il va peut-être devenir roi !

ULRICK.

Roi !

FRIDOLIN.

Ça paraît d'abord un peu extraordinaire, incroyable même ; mais nous vivons dans un temps où il ne faut s'étonner de rien.

ULRICK.

Achevez, achevez !

FRIDOLIN.

Voilà ce que c'est... la bohémienne m'a très bien expliqué tout ça... Un jeune enfant, le fils de l'empereur Baudouin de Constantinople, oncle de notre Baudouin de Flandre, a été enlevé par des pirates, qui le gardent comme ôtage, et l'ont caché dans un de leurs repaires les plus éloignés... Suis-moi bien... L'empereur, au désespoir... et c'est bien naturel ; car enfin, quoiqu'empereur, on est père... L'empereur donc, au désespoir, promet ses droits au royaume de Damas, et une armée pour le conquérir, au chevalier qui pourra retrouver son fils et le lui rendre.

ULRICK.

Mais où chercher cet enfant ?

FRIDOLIN.

Où le chercher ? Sans doute... c'est ce que tout le monde disait, c'est que disait Richard lui-même.

ULRICK.

Eh bien ?..

FRIDOLIN.

Eh bien, c'est encore la bohémienne qui les a tirés d'embarras... Cherchez-le en Islande, a-t-elle dit, et vous l'y trouverez.

ULRICK.

En Islande ?

FRIDOLIN.

Oui, sur la côte la plus sauvage, au milieu des glaces, et sous la garde de Han, le plus féroce et le plus intrépide de ces brigands... Dès qu'il a su cela : Va, mon fils, a dit le comte à Richard, à toi cette entreprise, et la couronne qui doit en être le prix.

ULRICK, à part.

Richard roi !.. et moi, moi !... misérable vassal !..

FRILOLIN.

Nous autres, nous nous en retournerons tranquillement au moulin... et pendant qu'il trônera et fera des lois, nous referons de la belle et bonne farine... Chacun sa mouture.

ULRICK.

Oui, c'est ce qu'il veut, lui !.. mais non, non, je ne subirai pas cette honte !

FRIDOLIN.

Hein ?.. Qu'est-ce qu'il lui prend encore ?

ULRICK.

A moi, Claes, à moi !

(Claes paraît sortant d'une trappe et tenant le mors magique à la main.)

SCÈNE VI.

LES MÊMES, CLAES.

CLAES.

Me voici, maître... Il était temps !

FRIDOLIN.

D'où sort-il celui-là ?

ULRICK.

Donne.

CLAES, bas.

Tu sais les nouvelles conditions : dix ans au lieu de cinq.

ULRICK.

Oui, n'importe... donne, te dis-je... (Il prend le mors magique et l'agite en l'air.) Et maintenant, des armes, de braves soldats, un vaisseau, et en Islande ! je le veux !

(On entend alors un bruit effroyable ; Fridolin tombe à genoux.)

FRIDOLIN.

Miséricorde ! qu'est-ce c'est que ça ?

Deuxième tableau.

LE VAISSEAU.

La prison s'est transformée en un petit bâtiment à la voile, dont les mâts et les huniers sont chargés de mousses et de matelots. Le plancher du théâtre, en se soulevant avec les personnages qui sont dessus, forme le pont. A droite, en arrière du vaisseau, le port et la ville de Dunkerque ; au fond et à gauche, la pleine mer. Il fait nuit complète.

CLAES, sur le pont.

Eh bien, maître, n'es-tu pas bien servi ? Te repens-tu de m'avoir appelé ?

ULRICK.

Non certes !

FRIDOLIN.

Oui, c'est un beau chef-d'œuvre que tu as fait là !... Je ne sais pas ce qui va se passer... mais j'ai déjà des éblouissemens... Est-ce qu'on ne pourrait pas me remettre à terre ?

CLAES.

C'est impossible, l'ancre est levée.

ULRICK.

Et cette fois je ne m'arrête qu'au succès... en Islande !

CLAES ET LES MATELOTS.

En Islande !

(Le petit vaisseau marche de droite à gauche, et disparaît dans la coulisse.)

Troisième tableau.

LA MER GLACIALE.

Le théâtre représente la côte d'Islande et la mer glaciale. A droite du premier au troisième plan, et jusqu'au tiers de la largeur du théâtre à peu près, des rochers étagers et descendant à la mer. A gauche, au deuxième plan, sur un rocher isolé au milieu de l'eau, une énorme tour en bois. Du sommet de cette tour au rocher le plus élevé de la côte, sont tendues quatre chaînes réunies. Au fond, la mer glaciale et des montagnes de glace se détachent sur un ciel gris et sombre.

SCÈNE I.

ULRICK, FRIDOLIN, MATELOTS, MOUSSES, HOMMES D'ARMES, ZISCO.

(Ils paraissent tantôt gravir, tantôt descendre péniblement les rochers ; ils arrivent enfin sur la dernière plate-forme, près de l'avant-scène et en avant d'une espèce de voûte naturelle creusée dans le rocher. Au lever du rideau, quelques matelots et des soldats sont autour d'un feu de bivouac.)

ULRICK.

Cette tour battue par les vagues... cette grotte... cette étroite plate-forme... c'est bien ici que Claes nous a donné rendez-vous. (Aux matelots.) Attachez Zisco sous cette roche, et et vous, mon bon maître, approchez-vous du feu, car vous avez froid, n'est-ce pas ?

FRIDOLIN.

Mais dame... à moins d'y mettre bien de la mauvaise volonté, il me semble qu'il y a ici tout ce qu'il faut pour ça... Et toi, tu n'as pas pas froid peut-être ?

ULRICK.

Oh ! moi, l'espoir du succès me ranime et m'échauffe !

FRIDOLIN.

Ce s era donc la première fois que l'ambition aura été bonne à quelque chose... Chauffons-nous toujours, nous autres, qui n'avons pas d'espoir ranimant et réchauffant... (Voyant le feu pétiller.) Ah! bien cela, à la bonne heure! ça va nous dégourdir un peu... Je ne sentais déjà plus mon nez. Il doit être d'un bleu très violet, n'est-ce pas? Je le regarderais bien moi-même, mais ça fait loucher... Voyons, qu'est-ce que tu en dis, toi?

ULRICK, marchant avec agitation.

Claes tarde bien!

FRIDOLIN.

Je ne te parle pas de Claes, je te parle de mon nez.

ULRICK.

Cela m'inquiète!

FRIDOLIN.

Moi aussi!.. car on dit que ça gèle souvent, et qu'alors ça tombe au moment où on y pense le moins... Et je vous demande un peu qu'elle figure j'aurais sans nez et comme ça serait commode, avec un rhume de cerveau surtout!..

ULRICK.

Où peut-il être?

FRIDOLIN.

Mais à sa place encore, Dieu merci!

ULRICK.

Ah! enfin, le voilà!..

FRIDOLIN.

Qui ça? où ça?

(On voit en effet Claes, dans un canot conduit par deux matelots, et qui paraît venir de derrière la tour. Claes a une trompette et la bannière d'Ulrick).

CLAES.

Patience, maître, patience!

FRILOLIN.

Comment, ce n'était que lui qui t'inquiétait et que tu craignais de perdre?.. Un pareil gibier de potence!..

(Le canot de Claes a abordé la côte; un matelot l'y attache, et Claes et ses compagnons montent sur la plate-forme).

SCÈNE II.

Les Mêmes, CLAES.

ULRICK.

Eh bien! Claes, quelles nouvelles?

CLAES.

Mauvaises, maître, mauvaises..... Il faudra peut-être renoncer à l'entreprise!

ULRICK.

Y renoncer?

FRIDOLIN.

C'est la première fois de sa vie qu'il dit quelque chose de raisonnable..... Allons-nous-en.

ULRICK.

L'enfant impérial n'est-il pas dans cette tour?..

CLAES.

Il y est.

ULRICK.

Sous la garde de Han, le bandit?

CLAES.

Sous sa garde.

ULRICK.

Et il a refusé de le rendre?

CLAES.

Il a refusé... Je lui ai cependant offert la vie sauve pour lui, et tout l'or que nous portons avec nous... C'est avec ses chefs, dit-il, qu'il faut traiter de la rançon de son captif... Quant à lui, il ne sait qu'obéir, et il se défendra.

ULRICK.

Il a donc avec lui nombreuse garnison?

CLAES.

Il est seul... et pourtant il défie tes efforts... Une seule porte donne accès dans la tour. Cette porte s'ouvre du côté de la pleine mer, et elle est toute bardée de fer et d'une telle épaisseur, qu'il faudrait la machine de guerre la plus formidable pour la renverser... Han sait que les glaces amoncelées de l'autre côté du cap ont empêché notre vaisseau de le doubler... Il espère que nous serons retenus là pour quelques mois, et qu'une fois nos provisions épuisées, la faim et le froid viendront à bout de nous sans qu'il s'en mêle.

ULRICK.

Que faire donc?

FRIDOLIN.

Allons-nous-en.

ULRICK, sans l'écouter.

Voyons... Ces fortes chaînes de fer qui lient le sommet de la tour à ce rocher, ne peuvent-elles nous aider à atteindre la plate-forme?... et une fois là...

CLAES.

Le reste serait bientôt en notre pouvoir, oui... mais ces chaînes, dont l'intrépide bandit se sert pour communiquer avec la terre-ferme, il n'a qu'un ressort à toucher pour les faire à l'instant tomber à la mer et y précipiter avec elles tout audacieux qui tenterait d'arriver à lui par leur moyen... et nul autre que ce misérable d'ailleurs ne pourrait se hasarder sur pareil pont sans être pris de vertige et tomber dans l'abîme avant d'en avoir franchi la première moitié... Tenez, maître Fridolin, je vous en fais juge vous-même, passeriez-vous là-dessus?

FRIDOLIN.

Moi?.. par exemple!.. la tête me tourne déjà, rien que d'y penser... Allons-nous-en.

ULRICK.

Non, mille fois non !.. Nous allons retourner au vaisseau, et pendant qu'une partie de mes hommes-d'armes briseront les glaces pour ouvrir un passage qui permettra de doubler le cap, nous, nous reviendrons ici avec un bélier et le bois nécessaire pour construire un radeau..... Par ce moyen nous pourrons aborder la tour de ce côté et la battre en brèche..... Au vaisseau !

TOUS.

Au vaisseau !

ULRICK, à Fridolin.

Venez-vous avec nous, maître ?

FRIDOLIN.

Puisque vous devez revenir, ma foi non... j'aime mieux vous attendre auprès de ce bon feu... Laissez-moi seulement Guillaume et Zisco pour me tenir compagnie, et me sauver, si ce monstre de pirate faisait une sortie !

ULRICK.

Soit. (Aux autres.) Plus de retard, partons !

(Ils gravissent les rochers à droite et disparaissent tous. Fridolin reste seul avec Zisco sur la plate-forme du premier rocher).

FRIDOLIN, seul, s'asseyant près du feu.

Plus de doute, mon pauvre élève a de nouveau le diable au corps, et me voilà condamné à perpétuité aux aventures et aux caravanes à sa suite !.. J'y laisserai mes os, bien sûr..... Voyons, que faire en les attendant?... Si je..... non, autre chose... Chauffons-nous d'abord, et puis... Mais qu'est-ce que j'ai donc?... mes yeux se ferment malgré moi... je ne sais pas au juste ce que c'est... mais ça ressemble beaucoup à une envie de dormir... ah ! mais oui !.. c'est ça... c'est..... Zisco... veille pour nous deux, mon garçon... entends-tu... moi... je... Bonsoir, Zisco... (A ce moment on voit plusieurs ours blancs paraître derrière les rochers du fond et s'avancer sur la glace. Ils font entendre un long grognement). Qu'est-ce qui ronfle donc comme ça ?.. ça ne peut pas encore être moi... et puis je n'ai pas la voix si basse... (Les ours plus rapprochés font entendre un nouveau grognement.) Encore !.. C'est donc toi, Zisco ?.. Ah ! tu dors aussi... Bonsoir, Zisco... (Zisco se débat, brise sa longe et hennit.) Tais-toi donc !.. A-t-il le sommeil agité, cet animal-là ! (Il se retourne de l'autre côté, Zisco vient le réveiller.) Hein ?... qu'est-ce que c'est ?.. Miséricorde ! des ours !... C'est fait de moi !.. Comment leur échapper !... Ah ! je sens craquer mes os d'avance !... Ils approchent.... sauvons-nous ! (Il gravit avec peine les rochers et atteint le plus élevé; pendant ce temps, les ours se sont jetés à l'eau et ont nagé; puis ils arrivent à la plate-forme et semblent chercher.) C'est ça, les voilà qui me cherchent... qui me flairent de loin... Ils tenaient à manger du savant, ces animaux-là !.. Ah ! je crois qu'ils ont vu Zisco... Oui... à la bonne heure... voilà leur affaire !... (Au moment où les ours s'approchent de Zisco, il se retourne vers eux, et ses naseaux lancent des flammes, ce qui les met en fuite.) Hein ? qu'est-ce que c'est ?.. les voilà en déroute ! (Il redescend des rochers.) Bravo, Zisco !.. Mais où diable a-t-il donc pris le feu qu'il leur a ainsi jeté au nez ?.. C'est égal... nous ne serons mangés ni l'un ni l'autre, voilà l'essentiel... et ça me fournira un fameux chapitre pour l'histoire de nos voyages... (Il prend ses tablettes.) Combien y avait-il de ces terribles carnivores, voyons ?.. Ils étaient bien cinquante pour le moins, n'est-ce pas, Zisco ?.. Allons, pour ne pas me tromper, écrivons que seul, avec Guillaume et Zisco, j'ai, par mon courage et mon sang-froid, mis en fuite cinq cents ours blancs de la mer glaciale !.. Cinq cents, c'est peut-être beaucoup pour deux, mais c'est toujours comme ça qu'on écrit... les voyages... Ah ! voilà les autres... Dieu soit loué !

SCENE III.

ULRICK, CLAES, FRIDOLIN, MACAIRE, MATELOTS, HOMMES-D'ARMES.

(Les matelots et les hommes-d'armes portent des poutres et des planches pour faire un radeau.)

FRIDOLIN.

Eh bien ?

ULRICK.

Eh bien ! maître, je ne doute plus du succès maintenant... La marée a emporté une partie des glaces, et notre équipage aura bientôt achevé de dégager le vaisseau.. Toi, Macaire, tiens-toi en vedette sur cette pointe... Et vous, à l'ouvrage, mes braves !... Toi, Claes, reprends le canot et retourne vers la porte de la tour, pour faire une nouvelle sommation au bandit... Maintenant qu'il saura que rien ne pourra plus m'empêcher de commencer aujourd'hui même l'attaque, il se rendra sans doute.

CLAES.

Oui, maître.

(Il se dispose à exécuter l'ordre).

MACAIRE, sur le rocher le plus élevé.

Le vaisseau ! le vaisseau !

ULRICK.

Il vient?

MACAIRE.

A pleines voiles.

ULRICK.

Ah ! c'est la victoire, alors!

(On entend gronder l'orage, et la mer se soulève avec furie. Han d'Islande paraît sur la plate-forme de la tour avec l'enfant).

SCÈNE IV.

LES MÊMES, HAN D'ISLANDE, L'ENFANT.

CLAES.

C'est lui, c'est l'enfant impérial !

ULRICK.

Il est à nous !

HAN.

Pas encore, chevalier !.. (Il attache l'enfant avec une chaîne à un des créneaux.) Han d'Islande ne rend pas ainsi sa proie... Ton vaisseau peut venir, maintenant... Avant qu'il ait abordé ce rocher, la tour sera en flammes, et vous ne trouverez plus ici que des cendres.

(Il saute alors dans la mer de l'autre côté de la tour, et on le revoit plus tard sur la glace vers le fond. La tour paraît en feu. L'enfant pousse des cris d'effroi.)

ULRICK.

Ah ! l'infâme !... Mais cet enfant... Et aucun moyen de parvenir à lui, de lui porter secours ! Il ne faut pas qu'il périsse, pourtant. Non... je veux le sauver, moi... A moi ! Zisco ! à moi l'enfant ! je le veux !

(En disant cela, il étend le mors magique vers la tour. Le cheval s'élance alors vers le rocher le plus élevé, passe sur les chaînes de fer, saisit l'enfant que les flammes vont atteindre, repasse avec lui sur les chaînes et l'apporte à Ulrick. Pendant que le cheval revient, dix coups de cloche se font entendre dans la tour embrasée).

CLAES, à Ulrick.

Entends-tu, maître ?

ULRICK, prenant l'enfant.

Dix ans, oui..... Mais à moi le trône de Damas !

(La tour s'écroule alors avec fracas au milieu des flammes. On découvre de nouvelles montagnes de glace sur lesquelles s'étend un reflet rouge. Les chaînes sont tombées à la mer, qui s'agite avec furie. Des tourbillons de neige sont chassés par le vent ; le vaisseau paraît derrière le rocher. Han d'Islande est dévoré par les ours dans le fond.—La toile baisse sur ce tableau).

ACTE IV.

Premier tableau.

L'ERMITAGE.

Le théâtre représente l'intérieur pittoresque de l'ermitage d'Engaddi, creusé dans les rochers, non loin de Jérusalem. Au fond, vers la droite, une petite porte ouvrant sur la campagne. A gauche, deux autres issues donnant accès dans des salles également creusées sous la montagne. Ces deux autres issues ne sont fermées que par des nattes de jonc. Il fait nuit. Le théâtre n'est éclairé que par un morceau de bois résineux allumé et fixé dans une fente de la roche.

SCÈNE I.

L'ERMITE D'ENGADDI, UN PETIT PATRE, PÈLERINS ET PÈLERINES, au nombre de seize.

(Au lever du rideau les pèlerins et pèlerines sont rangés en cercle. L'ermite, est assis à droite.)

CHŒUR.

Frémissez, car voilà
L'histoire véritable
Du renégat damnable
Que le cheval du Diable
A sa perte emporta.

(On sonne à l'extérieur.)

L'ERMITE.

Qui sonne encore à cette heure avancée ?.. Va voir, mon enfant. (Le petit pâtre va regarder à travers le grillage de la porte.) Eh bien ?

LE PETIT PATRE.

Ce sont deux pauvres femmes qui paraissent bien fatiguées.

L'ERMITE.

Ouvre donc vite alors.

SCÈNE II.

LES MÊMES, JEANNE MARTENS et NIOCELLE, vêtues en pèlerines.

L'ERMITE, à Jeanne.

Entrez sans crainte, bonne femme, vous êtes ici dans une retraite que Dieu a prise sous sa garde, et que l'infidèle même n'a jamais violée.

JEANNE MARTENS.

Je le sais, mon père... oui, de si loin que je vienne, je sais que vos prières ont attiré la bénédiction céleste sur l'ermitage d'Engaddi.

L'ERMITE.

Placez-vous ici... (Il les conduit vers un petit banc de bois à gauche.) Prenez votre part du frugal repas que la Providence me permet d'offrir chaque soir aux bons pèlerins... Et toi, Petit-Jean, dis-nous maintenant la fin de la ballade du soudan de Damas, Ulrick le renégat.

NIOCELLE, bas.

Entends-tu, ma mère ?

JEANNE MARTENS.

Oui, mais tais-toi; tais-toi et écoutons !..

REFRAIN chanté en chœur par les pélerins.

Ecoutons, car c'est là
Ecoutez,
L'histoire véritable
Du renégat damnable
Que le cheval du diable
A sa perte emporta.

LE PATRE.

La fraude et l'imposture
Le poussent aux honneurs.
Bientôt il se parjure
Pour de vaines grandeurs.
Sa mie, il la délaisse;
Il faut une princesse
A ce superbe cœur!
Mais la vérité tonne;
Au lieu d'une couronne,
Pour lui, honte et malheur!...
Il fuit... Satan le guide,
Et Damas du perfide
Comble le dernier vœu.
Il règne... et le faussaire,
Qui renia sa mère,
A renié son Dieu!

REFRAIN.

Frémissez, car voilà
L'histoire véritable
Du renégat damnable
Que le cheval du diable
En enfer portera!

LE PATRE.

Et pour lui maintenant, mes frères,
Au ciel adressons nos prières.

PRIÈRE GÉNÉRALE.

Mon Dieu, fais qu'il revienne à toi!
De ton courroux éteins la flamme;
Daigne, grand Dieu, sauver son âme
Et lui rendre la foi!

L'ERMITE.

Maintenant, mes enfans, il est temps de vous retirer pour vous livrer au repos, et partir demain au point du jour pour la ville sainte.

JEANNE MARTENS.

Je ne puis rester ici, moi, mon père.

L'ERMITE.

Comment?

JEANNE MARTENS.

Il faut que je vous parle sans témoins.

L'ERMITE.

Je suis à vous, ma fille.

(Il fait signe aux autres qui se retirent, les hommes dans une des grottes, les femmes dans l'autre. Le petit pâtre sort avec eux.)

SCÈNE III.

L'ERMITE, JEANNE MARTENS ET NIOCELLE.

L'ERMITE.

Vous ne pouvez rester ici, avez-vous dit?

JEANNE MARTENS.

Non, mon père... nous allons, dès ce soir, nous remettre en route.

L'ERMITE.

Et pourquoi?

JEANNE MARTENS.

Pour rejoindre au plutôt mon fils.

L'ERMITE.

Et où donc, pauvre mère?

JEANNE MARTENS.

A Damas.

L'ERMITE.

A Damas!

JEANNE MARTENS.

Oui, mon père... car Ulrick le renégat, c'est lui, c'est le fils qui m'a abandonnée, reniée... que je pleurais pourtant... et que je veux sauver encore!

L'ERMITE.

Mais vous ne savez pas, malheureuse femme, quels affreux dangers vous allez affronter! Les imans de Damas, emportés par leur aveugle fanatisme, ont forcé leur nouveau soudan de rendre une loi, d'après laquelle tout chrétien qui tombe en leur pouvoir doit à l'instant même abjurer, ou périr dans d'horribles tortures.

JEANNE MARTENS.

Rien ne peut m'arrêter quand il s'agit du salut de mon fils. Mais avant que nous ne vous quittions, ne pouvez-vous nous apprendre, mon père, comment Ulrick a été élevé au trône de Damas?

L'ERMITE.

Personne n'a pu encore bien approfondir ce mystère étrange; mais voici ce qui j'ai entendu raconter par des pélerins qui ont visité depuis peu mon ermitage: Le chevalier Arundel d'Angleterre...

JEANNE MARTENS.

C'est bien lui, oui.

L'ERMITE.

Ayant sauvé l'enfant de Baudouin, empereur de Constantinople, a été mis à la tête d'une nombreuse armée chrétienne pour venir conquérir Damas. Il allait partir avec cette armée, quand Baudouin de Flandre, arrivant avec son fils Richard, a démasqué le fourbe et demandé sa mort. L'empereur, qui, malgré tout, lui devait la vie de son fils, ne voulut pas souscrire au supplice de l'imposteur, il le dépouilla seulement de tous ses honneurs, et le bannit de l'empire. Ulrick, transporté de rage en apprenant cela, s'écria, dit-on... Eh bien! puisque c'est là e prix que me réservait l'ingratitude, meure donc l'enfant maudit que j'ai sauvé, *je le veux* !.. Et, en effet, le jour même, l'héritier de l'empire a été trouvé étouffé sur les marches du trône.

JEANNE MARTENS.

Juste ciel !

L'ERMITE.

Ulrick était seul capable de ce crime, et on se mit aussitôt à sa recherche; mais il avait disparu. Peu de temps après, on apprit qu'il était venu offrir au peuple de Damas le secours de sa redoutable épée. Aussitôt que les imans de Damas eurent aperçu le cheval d'Ulrick, et la housse à griffes d'argent qui le couvre, ils se prosternèrent, et le renégat fut proclamé soudan. Depuis près de deux mois il règne sur cette contrée, et commet chaque jour les actes les plus barbares, pour que son peuple ne puisse douter de la sincérité de son abjuration.

NIOCELLE.

Mon Dieu !

JEANNE MARTENS.

Ah ! c'est horrible !.. Vous voyez donc bien, mon père, qu'il est temps que j'arrive, pour qu'il se repente et que je le sauve... Viens, Niocelle, partons !

L'ERMITE.

Eh bien ! oui, vous partirez..... et Dieu qui vous inspire, veillera, je l'espère, sur vous ! (Appelant.) Petit-Jean ! (Le pâtre paraît.) Tu vas accompagner cette pauvre mère et sa fille, et tu les guideras vers Damas.

LE PATRE.

Vers Damas !

L'ERMITE.

Oui, mon enfant, c'est l'ordre du ciel qui les y conduit...

(Arrivées à la porte du fond que le petit pâtre vient d'ouvrir après s'être emparé du morceau de bois enflammé, Jeanne et Niocelle s'inclinent devant le vieil ermite qui les bénit en tremblant. Elles sortent enfin, et l'ermite rentre dans la première grotte à gauche. — Changement à vue.)

Deuxième tableau.

LE SÉRAIL.

Le théâtre représente une admirable et immense galerie du palais du soudan de Damas. A droite au deuxième plan, le trône; à gauche, au premier plan, un riche divan. La profondeur du théâtre est divisée en deux parties par de riches draperies qui ferment trois grandes arcades au troisième plan. Au-delà des arcades, trois plans plus loin, une balustrade dorée, dominant les jardins. A gauche, en face du trône, une porte fermée par une portière en tapisserie.

SCÈNE I.

FRIDOLIN, CLAES.

(Ils entrent l'un à droite, l'autre à gauche.)

CLAES.

Ah ! je vous trouve enfin, mon honorable ami !

FRIDOLIN.

Moi, votre ami, jeune drôle !

CLAES.

Aimez-vous mieux que je dise mon digne complice ?

FRIDOLIN.

Par exemple !..

CLAES.

Oh ! vous l'êtes bien maintenant; vous avez votre part dans tout ce qui s'est fait, puisque vous l'avez laissé faire, et que vous avez comme nous profité des bénéfices.

FRIDOLIN.

Comment des bénéfices ?

CLAES.

Sans doute, le soudan, notre maître, ne vous comble-t-il pas chaque jour de faveurs ? Et aujourd'hui même ne vient-il pas de vous confier encore une nouvelle charge ?

FRIDOLIN.

Comment, encore une ?

CLAES.

Oui, celle de grand caïmacan.

FRIDOLIN.

Caïmacan !.. Qu'est-ce que c'est que ça ?

CLAES.

Autrement dit gouverneur du palais et directeur des fêtes et cérémonies.

FRIDOLIN.

Est-ce que j'y entends quelque chose, moi, à vos fêtes et cérémonies ?

CLAES.

Et depuis quand a-t-on besoin d'entendre quelque chose à un emploi pour l'occuper ?... Voyons, voyons, préparez-vous à entrer en fonctions et songez aux moyens de distraire votre auguste élève.

FRIDOLIN.

Le distraire ?.. il s'ennuie donc ?

CLAES.

Oui, depuis quelques jours il ne paraît pas heureux.

FRIDOLIN, avec soupir.

Je conçois... les remords, sans doute !

CLAES.

Oh ! non, je ne crois pas.

FRIDOLIN.

Qu'est-ce donc alors ?

CLAES.

Qui sait?.. Il est fâché peut-être de n'être que soudan.

FRIDOLIN.

Hein ?

CLAES.

Et au fait, qu'est-ce qu'un soudan ?.. un roi, tout au plus.

FRIDOLIN.

Eh bien ?

CLAES.

Eh bien, depuis qu'il a appris qu'après la mort de son fils, l'empereur de Constantinople a adopté Richard... et l'a déclaré héritier présomptif de l'empire...

FRIDOLIN.

Il veut être empereur aussi, peut-être ?

CLAES.

Et pourquoi pas ?

FRIDOLIN.

Pourquoi pas !... Endiablé petit serpent, c'est toi qui lui fourres ces folies-là dans la tête !.. (On entend les trompettes de la grande mosquée.) Que signifie ce bruit ?

CLAES.

C'est le premier signal de la fête du cheval de Mahomet.

FRIDOLIN.

Comment ? mais il est mort depuis plus de quatre cents ans !

CLAES.

Ils ne le croient pas, eux, et vous savez bien que c'est parce qu'ils ont reconnu dans Zisco tous les signes caractéristiques du noble coursier du prophète, et dans sa housse magnifique celle dont se servait aussi Mahomet lui-même, qu'ils ont accueilli et couronné l'heureux possesseur de ces gages infaillibles de victoire !

FRIDOLIN.

Oui, c'est vrai ; les brutes !.. Mais à propos de la housse, explique-moi donc un peu comment il se fait qu'elle change ainsi de physionomie du jour au lendemain ?

CLAES.

Comment ! la housse change de physionomie ?

FRIDOLIN.

Sans doute... Quand nous avons quitté le moulin, elle avait au moins une douzaine de belles rayures noires... ça a diminué, diminué... et à présent il n'en reste plus qu'une... Qu'est-ce que ça signifie ?

CLAES.

Cela signifie qu'elle s'use, voilà tout... Qu'y a-t-il là d'étrange ?

FRIDOLIN.

Je n'en sais rien... Mais Ulrick lui-même ne trouve pas ça très naturel non plus, car hier encore je l'ai surpris qui, en regardant cette housse mystérieuse, se disait à lui-même : plus qu'une ! une seule !.. Et il paraissait fort triste.

CLAES.

Ah ! bah ! vous avez imaginé cela... Attention ! maître, vos fonctions vont commencer...

(Une musique brillante se fait entendre.)

SCÈNE II.

Les Mêmes, ULRICK, le Chef des imans, les Imans, les Agas, toute la cour, Guerriers, Bayadères, Odalisques, Icoglans, Eunuques, Nègres et Négrillons.

Les draperies du fond sont soulevées, et l'on voit l'immense galerie arabe dans toute son étendue et tout son éclat. — Ulrick descend en scène, suivi de ses principaux officiers et du chef des imans. Il prend place sur le trône. Le cortège du cheval s'avance. Les esclaves, jouant des instrumens, ouvrent la marche. Viennent ensuite des guerriers, puis des bayadères qui agitent de grands éventails en plumes pour rafraîchir le cheval. Zisco a une bride enrichie de pierreries et un bouquet de plumes sur la tête. Une seconde troupe de guerriers suit Zisco ; leur aga porte l'étendard de Mahomet. Le cortège fait le tour du théâtre ; Zisco est ensuite placé sur une estrade au fond, et des parfums brûlent dans des cassolettes d'or autour de lui. — Les danses commencent. — A partir du commencement de la marche, dans laquelle Fridolin a dû aller prendre son rang, il a montré une mauvaise humeur, dont s'est amusé Claes. Au tableau final du ballet, il est revenu sur les marches du trône, à la droite d'Ulrick. Le chef des isman est à gauche.

SCÈNE III.

Les Mêmes, PREMIER AGA.

(L'aga entre vivement et vient se prosterner devant Ulrick.)

L'AGA.

Soudan, deux femmes chrétiennes, conduites par un jeune pâtre, qui est parvenu à s'échapper, viennent d'être arrêtées aux portes de Damas. Conduites aussitôt à la grande mosquée, pour y abjurer, comme l'ordonne notre nouvelle loi...

FRIDOLIN, à part.

Pauvres femmes !

L'AGA.

Toutes deux ont dit qu'elles préféraient la mort. Avant de les faire conduire au supplice, je suis venu prendre tes ordres.

ULRICK, avec émotion.

Deux femmes !..

FRIDOLIN, bas.

Fais-leur grâce, mon enfant, fais-leur grâce, crois-moi, ça te portera bonheur.

LE CHEF DES IMANS.

Pas de pitié, soudan, pas de grâce pour les infidèles; tu l'as juré sur le Coran.

(Les imans et les guerriers s'agitent et murmurent.)

ULRICK, avec effort.

Allez, et que la loi s'exécute.

L'AGA.

Nous ne demandons qu'une grâce, a dit la plus âgée des deux femmes : c'est que votre maître consente à nous entendre avant de prononcer notre sentence. Portez-lui ce chapelet; peut-être, après l'avoir vu, nous accordera-t-il notre prière.

ULRICK, prenant le chapelet.

Qu'ai-je vu?.. (A part.) Le chapelet de ma mère!.. (Il descend vivement les marches du trône.) Ma mère ici!.. Et cette fatale loi!.. (Haut.) Courez... qu'on amène ces femmes... et qu'on me laisse... (Les imans hésitent.) Obéissez!.. mon ordre est pour tous!

(Tout le monde s'incline alors et se retire. Les draperies des trois arcades se referment.)

ULRICK, seul.

Ma mère!.. que lui dire, mon Dieu!.. Comment oser paraître devant elle?.. Ah! voilà mon châtiment qui commence!.. Oh! s'il n'était pas trop tard pour retourner en arrière! Mais qu'au moins je la sauve, et s'il le faut, que je meure après!

CLAES, soulevant la draperie du fond.

Tu m'as appelé, maître?

ULRICK.

Non, non!.. va-t-en! va-t-en, te dis-je!..

(Claes disparaît.)

SCÈNE IV.

ULRICK, L'AGA, JEANNE MARTENS, NIOCELLE, QUATRE GARDES.

(Deux gardes soulèvent les portières qui font face au trône.)

ULRICK.

La voilà!.. mon Dieu!.. j'ai peur!..

(L'aga paraît le premier, et fait signe à Jeanne et à Niocelle d'entrer. Elles entrent en effet; deux gardes les suivent. Sur un signe d'Ulric, l'aga et les gardes sortent par le fond.

SCÈNE V.

ULRICK, JEANNE MARTENS, NIOCELLE.

(Jeanne est calme et serre la main de Niocelle, en lui montrant le ciel, comme pour lui communiquer son courage. Ulrick a la tête baissée et se détourne, n'osant regarder sa mère. Enfin il fait un effort, et se tourne vers elle en tremblant, et semblant attendre qu'elle lui parle.)

ULRICK, d'une voix entrecoupée.

Vous ne me dites rien, ma mère?

JEANNE MARTENS.

J'attends que l'apostat m'ordonne lui-même de renier comme lui mon Dieu, ou de mourir.

ULRICK, d'un ton suppliant.

Ma mère!..

JEANNE MARTENS.

Tes bourreaux sont-ils prêts, infâme? nous attendons, te dis-je!..

ULRICK, tendant vers elle les mains.

Pitié, ma mère!..

JEANNE MARTENS.

Pitié pour qui?.. Qui donc ici m'ose appeler sa mère?.. Suis-je mère du parjure, de l'homicide, du maudit?.. Non, je n'ai plus de fils... je n'ai plus qu'un enfant au monde : cette pauvre jeune fille, trahie, abandonnée comme moi!.. Oh! comme elle l'aimait aussi, la pauvre enfant!.. elle l'aimait... à donner comme moi sa vie pour racheter ses crimes!.. Et quand à la malheureuse fiancée, outragée, méconnue, un autre amour s'est offert, l'amour d'un cœur noble et grand, avec des richesses, des honneurs, un trône aussi peut-être...

NIOCELLE.

Ma mère!..

ULRICK.

Richard?

JEANNE MARTENS.

Oui, Richard, qui l'aimait plus et mieux que lui, et qui avait long-temps caché, sacrifié cet amour à l'amour de son frère... Quand Richard enfin lui a dit aussi : « Niocelle, je t'aime! — Moi, j'aime Ulrick, a-t-elle répondu. — Mais Ulrick t'a trahie, il est coupable... — Ulrick est malheureux! Voilà encore sa réponse.

ULRICK.

Malheureux!.. Oui, je suis malheureux!.. Niocelle a dit vrai, ma mère.

JEANNE MARTENS.

Nous sommes parties toutes deux alors pour le chercher, le sauver encore... Pour te le redemander, mon Dieu! sur le tombeau de ton fils!.. Et quand nous arrivons, le corps brisé par la fatigue, les pieds meurtris par les pierres de la route, la poitrine desséchée par les vents enflammés du désert, n'ayant plus qu'une seule force, notre tendresse, qu'un seul espoir, son salut... la vérité, l'horrible vérité vient nous frapper toutes deux au cœur : l'Enfer l'emporte, Ulrick est apostat !

NIOCELLE, à Jeanne Martens.

Voyez, voyez, ma mère, il pleure !

ULRICK.

Vous ne savez pas, vous ne saurez jamais, ma mère, tout ce que j'ai souffert, tout ce que je souffre en ce moment !.. Ecoutez-moi... Pour m'élever et me venger, j'ai tout tenté, tout bravé sans remords et sans peur... Mais il est un malheur qui serait au-dessus de mes forces, un malheur qui me tuerait !... Le peuple entraîné, fanatisé par les Imans peut revenir ici me demander votre supplice !

JEANNE MARTENS.

Eh bien ! je te l'ai dit, toutes deux nous sommes prêtes.

ULRICK.

Vous mourir !.. mon Dieu !.. Mais vous ne voyez donc pas que je tremble, que je pleure !.. Vous ne voulez donc pas comprendre qu'au milieu de toutes ses fautes, de tous ses crimes, l'apostat, l'impie, le parjure a gardé du moins une vertu, l'amour de sa mère !.. Vous ne savez donc pas que ce rang, ces richesses, cette puissance, qui m'on coûté mon âme, je les donnerais pour sauver votre vie !.. La nuit approche... il faut fuir...

JEANNE MARTENS.

Fuir ?.. Mais tu fuiras donc aussi, toi ?

ULRICK.

Moi ?.. je ne le puis... il faut que ma destinée s'accomplisse : Je reste.

JEANNE MARTENS.

Tu restes... soit... nous resterons avec toi alors.

ULRICK.

Mais c'est vous perdre !..

JEANNE MARTENS.

Qu'importe !.. C'est pour le salut de ton âme que nous avons affronté la mort... pourquoi la fuirions-nous, si nous ne te sauvons pas !.. Répends-toi, malheureux, descends de ce trône, où le crime seul t'a porté, où tu ne peux rester que par le crime ; reviens humble et soumis au Dieu que tu as renié... alors, nous pourrons, nous voudrons vivre encore, vivre avec toi, pour toi...

NIOCELLE, suppliante.

Ulrick !...

JEANNE MARTENS.

Si ton orgueil a trop à souffrir de ta chute, eh bien ! nous fuirons les yeux du monde ; nous irons tous trois dans quelque retraite lointaine, ignorée... Là, tu passeras en paix près de nous, les années que le ciel te réserve encore... Tu prieras avec nous et Dieu te pardonnera... Ta mère, ta mère n'aura plus pour toi que tendresse et bénédictions... Ta fiancée, ta femme... Ah ! comme elle t'aimera toujours, la pauvre enfant, et comme elle sera heureuse de ton amour !.. Toi... eh bien ! toi, tu puiseras ton bonheur dans le nôtre !.. (Lui prenant la main.) Oui, tu seras heureux aussi, mon Ulrick, va, crois moi !.. Tu hésites encore !

ULRICK.

Non, ma mère, non, vous m'avez vaincu ! Le ciel vous inspirait... (Il baise sa main et passe entre elle et Niocelle.) Auprès de vous, auprès de Niocelle, mon bon ange, oui, je vous crois, je puis encore être heureux !.. Partons... La draperie de ce trône masque l'entrée d'un passage souterrain qui conduit jusque hors la ville... Venez.

(Il se dirige vers le trône ; à ce moment, Claes entre en soulevant les draperies du fond, avec l'aga et plusieurs autres guerriers.)

SCÈNE VI.

LES MÊMES, LE CHEF DES IMANS, CLAES, L'AGA, LES GUERRIERS.

ULRICK.

Qui vous donne l'audace de reparaître ici sans mon ordre ?

LE CHEF DES IMANS.

Le danger qui menace ton peuple ne nous permettait pas d'hésiter.

ULRICK.

Que veux-tu dire ?

LE CHEF DES IMANS.

Baudouin de Flandre et son fils Richard s'approchent de Damas avec une nombreuse armée.

ULRICK.

Qu'entends-je ?

CLAES.

Cette proclamation a été lancée par un arbalétrier sur nos remparts. Lis-la toi-même, Soudan, et vois quel sort Baudouin te réserve.

ULRICK, lisant.

« Si Damas ouvre ses portes à mon armée, je » promets aux habitans soumis l'appui de ma redoutable justice ; ils auront la vie sauve, leurs » biens seront respectés. Quant au misérable » renégat qu'ils ont porté au trône, point de » quartier pour lui. Il vivra, mais pour servir » d'exemple terrible à tous les ambitieux ; il vivra pour être torturé chaque jour ; il sera » promené de ville en ville, livré comme un fou » à la risée publique, voué comme infâme à son » exécration, et partout, aux yeux de tous, le » bourreau le flétrira à la face, en criant : » Apostat ! » (Déchirant la proclamation.) Horreur ! infamie !.. Oh ! non, comte Baudouin, cela ne sera pas ! (Bas à Jeanne, avec rage.) Vous voyez bien, ma mère, que Dieu ne veut plus de moi !.. (Haut aux guerriers.) Nous rendre !.. Ah ! vous ne serez pas si lâches, n'est-il pas vrai ?.. (A l'Aga.) Que les captives soient gardées dans le palais jusqu'après le combat... Vous m'en répondez sur vos têtes !..

JEANNE, à Niocelle.

Tout est perdu !

(L'Aga s'approche d'elles et se dispose à les emmener.)

ULRICK.

Et nous, mes braves, attendrons-nous l'ennemi qui nous menace derrière nos remparts ? Non, non, courons à lui plutôt, que l'étendard du prophète nous guide et nous aurons la victoire !.. Aux armes !

(Mille voix répètent : aux Armes ! Les draperies du fond s'ouvrent de nouveau. On voit le chef des Imans, portant l'étendard de Mahomet, et tous les guerriers agitant leurs armes. Claes amène Zisco; Ulrick monte à cheval. La nuit est venue, de nombreux esclaves agitent des torches.

ULRICK.

Jurez-vous, tous ici de me suivre et de m'obéir jusqu'au trépas ?

TOUS, étendant vers lui leurs armes.

Nous le jurons !

ULRICK.

Gloire au prophète, alors, et mort aux chrétiens !

TOUS.

Mort aux chrétiens !

(Jeanne et Niocelle tombent à genoux. Tableau général et final. — La toile baisse au moment où tout se met en mouvement.)

ACTE V.

Premier tableau.

LA TEMPÊTE AU DÉSERT.

Le théâtre représente le Désert. A droite, un énorme rocher rougeâtre et sans aucune trace de végétation. Le reste est une mer de sable. Ça et là des squelettes de chevaux ou de chameaux recouverts de sable. Le ciel est comme chargé de nuages, qui ne sont que des tourbillons soulevés par le Simoun, qui souffle avec violence.

SCÈNE I.

L'AGA, ACHMET, IBRAHIM ET PLUSIEURS SOLDATS MUSULMANS.

(Au lever du rideau, Achmet est couché sur un quartier de roc, Ibrahim à gauche. Les soldats sont couchés ça et là sur le table, enveloppés dans leurs burnous.)

ACHMET, se levant.

Allons, assez de repos... il faut nous remettre en marche, et continuer nos recherches.

IBRAHIM.

Elles seront inutiles. Mahomet nous abandonne, Achmet.. En moins de huit jours, Damas au pouvoir des chrétiens, l'armée du Soudan vaincue, dispersée, poursuivie jusque dans le désert !

ACHMET.

Ah ! ce sont ces misérables chrétiennes qui ont attiré sur nous la colère du prophète !.. et elles sont sauvées toutes deux pourtant, sauvées par Richard vainqueur !

IBRAHIM.

Pourquoi aussi n'avoir pas obéi aux Imans, qui demandaient leur mort ?

ACHMET.

C'était l'ordre du maître.

IBRAHIM.

Le maître ?.. Et qu'est-il devenu, lui-même ?.. Que pourrait-il pour nous, maintenant ? et pourquoi le chercher encore ?.. C'est à lui que nous devons tous nos désastres !.. Mais qui vient là ?.. Claes !

SCÈNE II.

LES MÊMES, CLAES.

ACHMET.

Eh bien ! Claes, le Soudan ?..

CLAES.

Perdu, perdu sans ressources... Blessé dans le dernier combat, et enveloppé par un nombreux parti d'infidèles, on le croit tombé en leur pouvoir.

IBRAHIM.

Que Mahomet le sauve donc, s'il doit être sauvé encore !.. Quant à nous, nos sermens ne nous lient plus, puisqu'il a, le premier, violé les siens... Partons.

CLAES.

Oui, oui, fuyez, si vous tenez à la vie... Voyez ce ciel en feu... C'est le Simoun qui s'élève !..

CRIS DANS LA COULISSE.

Le Simoun ! Le Simoun !..

TOUS.

Fuyons !

CLAES, à part.

Ah ! maintenant, il est à nous !

(Il suit les autres.)

SCÈNE III.

ARABES, FEMMES et ENFANS, puis, ULRICK.

(On voit d'abord plusieurs cavaliers arabes qui traversent le théâtre de gauche à droite, presque couchés sur leurs chevaux et fuyant devant le vent. Puis viennent des fantassins et quelques femmes, qui cachent leurs enfans sur leur sein. Ils se couchent un moment à terre, s'abritant sous leurs burnous ou manteaux. Puis ils se relèvent, semblent prier, et reprennent leur fuite. Des oiseaux tombent à terre tués par le vent. Enfin paraît Ulrick.

ULRICK.

Attendez!.. attendez-moi!.. (Il tombe épuisé sur le sol.) Oh! cette fois, je suis perdu!.. les souffrances de cette blessure... la fatigue... ce vent qui brûle!.. impossible d'aller plus loin!.. (Il fait un effort pour se relever et il retombe.) Et ils m'ont abandonné!.. tous!.. Claes lui-même!.. Hier encore, un empire, des trésors, un trône!.. et aujourd'hui... la fuite, la souffrance... la plus affreuse misère!.. O ma mère! Dieu te venge!.. La fièvre... me dessèche la poitrine... la soif... une soif ardente!.. et personne pour me secourir!.. Ah! on vient!.. je suis sauvé!.. (Quelques Arabes à pied et à cheval traversent encore le théâtre en fuyant.) A moi!.. arrêtez!.. au secours!.. à moi!.. Ils ne m'entendent pas... que vais-je donc devenir?.. (Zisco entre au galop et s'arrête près de lui. Le vent souffle avec plus de furie; l'horison semble s'enflammer.) O mon Dieu!.. mon Dieu!.. que je souffre!.. la soif!.. la soif!.. (En portant la main à sa poitrine, il y trouve le petit mors magique.) Ah!.. Zisco!.. à moi!.. de l'eau!.. de l'eau!.. *Je le veux*!..

(Zisco va au rocher et frappe du pied. Une source jaillit. Ulrick boit avidement. Cela paraît lui rendre des forces, et il remonte sur le cheval, qui s'est mis à genoux devant lui. Aussitôt q'Ulrick est en selle, on entend dix coups de tamtam, accompagnés de détonations. Le cheval s'élance droit sur le rocher qui s'ouvre pour lui livrer passage; et vomit des flammes, comme une bouche de l'enfer. Des vapeurs noires, sillonnées de feu, s'élèvent de tous côtés, et cachent un momoment le théâtre.)

Deuxième tableau.

L'ENFER.

(Les vapeurs noires se dissipent, et l'on voit l'enfer. Le trône de Satan est à gauche. Satan est debout sur ce trône, et entouré de ses principaux ministres, la Mort, la Peste, la Famine, la Fièvre, les Sept-Péchés. Claes, qui a repris son costume infernal annonce l'arrivée prochaine d'Ulrick; celui-ci paraît, en effet, entraîné sur une pente rapide par Zisco, qui le jette au pied du trône; en arrivant, on montre à Ulrick les supplices que doivent endurer les damnés pendant l'éternité; il les brave. Une ronde infernale s'exécute autour de lui. Enfin, on l'attache à un poteau armé de pointes de fer. La Fièvre lui tend d'un côté une coupe remplie d'eau, qu'il ne peut atteindre. De l'autre côté, l'Envie lui montre le fond de l'Enfer qui s'ouvre avec un fracas épouvantable et l'on découvre le palais de l'Empereur de Constantinople, où a lieu le couronnement impérial de Richard et de Niocelle.)

SATAN.

Ulrick! voilà ton supplice pour l'éternité!..

(Toutes les tortures, un moment suspendues, recommencent; les démons reprennent leur ronde infernale, et la toile baisse sur ce tableau.)

FIN.

AVIS. — S'adresser, pour la musique, à M. FRANCASTEL, au Cirque-Olympique.

Imp. de Mme DE LACOMBE, r. d'Enghien, 12.

En vente : Les 4 premiers volumes du RÉPERTOIRE DRAMATIQUE, formant la collection de l'année 1840. Ils sont ornés de portraits des principaux auteurs et acteurs. Prix : 6 fr. le volume.

PIÈCES DU RÉPERTOIRE DRAMATIQUE EN VENTE.

Le Toréador, coméd. en trois actes.	1 f
Miss Kelly, comédie en un acte.	50
Le Cheval de Créqui, comédie.	40
Breteuil, comédie mêlée de vaudev.	50
Un Neveu, s'il vous plaît, folie-vaud.	50
La Grisette et l'Héritière, comédie.	50
La Belle Limonadière, coméd.-vau.	50
Les Avoués en vacances, vaudeville.	50
Au bout du monde, coméd.-vaud.	30
Les Trois Muletiers, mélodrame.	50
Fragoletta, comédie-vaudeville.	50
Le Lion du désert, en trois actes.	40
Ma Bête noire, vaudev. en un acte.	30
L'Amour d'un ouvrier, drame.	40
Le Bigame, drame en trois actes.	40
Le Prince d'un jour, vaudev. un acte	50
Les Premières armes de Richelieu, comédie en trois actes.	50
La Folle de Waterloo, drame.	30
Le Marchand de Bœufs, vaudeville.	40
Un Cas de conscience, comédie.	50
Giuseppo, drame en cinq actes.	40
Les Pêcheurs du Tréport, vaudev.	30
La Maupin, comédie en un acte.	30
Le Paradis de Mahomet, vaudeville.	50
Eva, drame lyrique.	50
Pat l'Derbois, drame en cinq actes.	50
Suzanne, opéra en quatre actes.	50
La Première ride, vaud. en un acte	50
Le Maquignons, vaudeville	40
Le Grand-Duc, proverbe.	40
L'An Quarante, revue en un acte.	30
La Famille Fanferluche, vaudeville.	40
Mignonne, comédie en deux actes.	40
Je m'en moque comme de l'an 40.	30
Le Tremblement de terre de la Martinique, drame en cinq actes.	50
Les Iroquois, revue en un acte.	30
Premier début de Dazincourt.	30
L'Habit de grenadier, vaudeville.	30
Le Maître à tous, comédie.	30
Trois Épiciers, vaudeville.	50
Un Souper tête-à-tête, comédie.	30
La Lun, comédie.	50
La Cardeuse de matelas.	30
Deux Filles de l'air, puff en 2 actes.	50
L'Orangerie de Versailles, comédie.	40
Le Mari de la Fauvette, vaudeville.	50
La Fille du régiment, opéra-com.	50
Le Dernier Oncle d'Amérique, v.	30
Bianca Contarini, drame en 5 actes.	50
Le Chevalier de Saint-Georges, c.	30
Les Rêveries du marquis de Lansac.	40
Le Zingaro, opéra.	50
L'Abbaye de Penmarc'h, drame.	40
Ondine, opéra-comique trois actes.	50
Vision du Tasse, scène en vers.	30
Les Pages de Louis XII, comédie.	30
Attendre et Courir, vaudeville.	30
Delphine, drame-vaudeville, 2 ac.	30
Indiana et Charlemagne, vaudeville	50
Le Dompteur de bêtes féroces.	30
Francesco Martinez, drame.	30
Les Parens d'une danseuse, vaudev.	30
La Ferme de Montmirail, pièce milit.	40
Une femme sur les bras, vaudeville.	30
L'Enfant de la Pitié, drame.	40
La Grand'Mère, comédie, trois act.	50
Sous une porte cochère, folie-vaud.	30
A la vie, à la mort, vaudeville.	30
La Mère Godichon, vaudeville.	50
Les Trois coupes, vaudeville.	30
L'Homme heureux.	30
Un jeune caissier, drame.	40
Denise, drame.	50
Mazagran, pièce militaire.	40
Un bal aux Vendanges de Bourgogne	30
Une Femme charmante, comédie.	30
La Dame du second, vaudeville.	30
Louisette, vaudeville.	40
Une Révolution d'autrefois, tragédie	40
La Meunière de Marly, comédie.	30
Les Enfans d'Adam et d'Ève.	30
Misère et Génie, drame.	30
Un Service d'ami, vaudeville.	30
La Perruche, opéra-comique.	40
Les Merluchons, comédie.	30
L'Élève de Presbourg, opéra-comiq.	30
L'École du monde, comédie.	50
Ango, drame en cinq actes.	50
La Marchande à la toilette, comédie	40
Zanetta, opéra-comique, en 3 actes	50
Le nouveau Bélisaire, vaudeville.	30
Les Garçons de recette, drame.	50
L'Antre, vaudeville.	30
La Guerre de l'Indépendance, drame	50
Jean-Bart, vaudeville.	30
Marcellin, comédie-vaudeville.	50
Iphigénie, comédie-vaudeville.	30
Jarvis, drame	50
Dinah l'égyptienne, drame.	40
Riflard, vaudeville.	40
La Servante du curé, vaudeville.	40
Les Paveurs, vaudeville.	40
La Calomnie, comédie.	60
Cyprien le Vendu, vaudeville.	30
Les Mystères d'Udolphe, vaud.	40
L'Honneur d'une femme, dra.	50
Le Cent-Suisse, opéra-comiq.	30
La Grisette romantique, vaud.	50
Marco, comédie-vaudeville.	40
La Croix de Malte, drame.	40
La journée aux éventails, comédie	40
Mon Gendre ! vaudeville.	30
L'Opéra à la cour, opéra.	50
Japhet, comédie.	50
Bob, comédie.	50
La mort de Gilbert, drame	40
Eudoxie, comédie.	30
Les Caprices, vaudeville.	40
Montbailly, drame.	50
La Grisette au vert, vaudeville.	30
Le Chevalier de Kerkaradec.	30
Grisette de Bordeaux, vaudeville	30
Matelots et Matelottes, vaudeville	30
Mégani, comédie.	40
La Fille de Jacqueline, comédie.	40
L'Automate de Vaucanson, opéra-c.	30
L'Enfant prodigue, comédie-vaud	50
Le Mari de la Reine, comédie-vaud.	30
Le Chevalier du Guet, comédie.	50
Treize à table, vaud.	30
Le Mirliton, féerie.	50
Rosita, comédie-vaudeville.	40
Toby le Sorcier, comédie-vaud.	30
Trianon, comédie.	40
La Porte secrète, drame.	40
Juliette, comédie.	40
Reine Jeanne, opéra-comique.	40
Souvenirs et regrets.	30
Flagrant délit.	30
L'Amour en commandite.	30
Brigand et Philosophe, drame.	50
Comte de Mansfeld, drame	50
Les Guêpes, revue.	30
Ralph le bandit, mélodrame	50
Charlot, comédie.	50
35 moins un, vaudeville.	30
Si nos femmes savaient, comédie.	30
Le Tailleur de la Cité, comédie	40
Mme de Croustignac, vaudeville.	30
Pauline, drame.	50
Montansier, vaudeville.	30
Madame Camus et sa demoiselle	30
Les Bombé.	30
En pénitence.	30
Tyran d'une femme.	30
Maître d'école.	50
Trois lionnes.	30
Le Pendu	40
Un second mari.	50
La Mère et l'Enfant se portent bien.	50
Le Conscrit de l'an 8.	50
Les Deux Serruriers, drame	60
Mlle Sallé, comédie.	50
Trois Étoiles.	30
Lucrèce, comédie.	50
Un grand Criminel, vaud.	40
Les Amours de Psyché, pièce fant.	50
La Mère de la Débutante, com.	40
Le Jettator, comédie.	40
Le Père Trinquefort, comédie.	50
Job et Jean, vaud.	50
Zisine, com.-vaud.	30
Les Blancs-Becs, com.-vaud.	50
Jeannic le Breton, drame.	30
1841 et 1941, revue.	30
Les Chevau-Légers, com.-vaud.	30
Le sire de Baudricourt, com. vaud.	40
Les Maçons, tab. popu.	40
Gringalet, com. parade	30
Cédric, drame héroïque.	60
Les Mémoires du Diable, vaud.	30
Mon Parrain de Pontoise, com.-v.	40
Richard-cœur-de-lion, op.-com.	30
L'Audience secrète, drame.	30
La veille de Wagram, drame.	30
Le Tambour-Major, vaud.	30
Le Nourrisson, vaud.	40
Les 2 Sœurs de charité, drame-v.	50
Fargeau le nourrisseur, com.-v.	50
Manoel le soldat, drame.	50
Ma Maîtresse et ma femme, c.-v.	40
Le Bonheur sous la main, c.-v.	50
Mystères de Paris, vaud.	50
Chasse du roi, com.-vaud.	40
Mariage au tambour, com.	30
Buses Graves, parodie.	50
Cuisines parisiennes, v. popu.	50
La perruquière de Meudon, vaud.	30
Les Nouvelles à la main, vaud.	30
Trombonne du régiment.	50
Sur les Toits.	40
Voyage en Espagne.	50
Brelan de Troupiers.	50
Roquefinette.	50
Paris dans la Comète.	50
Les Comédiens Ambulans.	50
Trim, vaud.	50
Les trois Polka, vaud.	40
Fleur-de-Genêt, com.-vaud.	50
Le père Turlututu, com.-vaud.	50
Les Sirènes, vaud.	40
Le Chevalier de Grignon, com.	50
Les Anglais en voyage.	50
La Famille Grandval, drame.	50
Le Tailleur de la place royale.	50
Les Quatre Fils Aymon.	50
Le Vampire, vaud.	40
Les Bédouines de Paris.	40
L'École d'un Fat, com.	50
La Raison propose.	50
Les Deux Perles, com.-vaud.	50
Les Avent. de Télémaque.	50
Les deux Gentilshommes.	50
Un Enfantillage, com.	50
La Corde de Pendu, féerie.	50
Une Parisienne, com.-vaud.	50
Emma, ou Un Ange gardien.	60
Point-du-Jour	50
La Mazurka.	50
Le Chamborant.	40
M. Lafleur.	40
Un Conte de Fée.	40
La Tête de Singe.	50
Le Mannequin du Prince.	50
Les voilà bien tous.	40
Boquillon.	60
Le Bal d'enfans.	50
L'Empire.	50
Les deux Césars.	50
Le Lansquenet.	50
L'École Buissonnière	50
Les sept Merveilles du Monde.	50
Émile ou le Chien d[illegible]chandier.	40
Madame Panache.	50
La Vie en Partie Double.	50
L'Île de Robinson.	50
Les Éléphants de la Pagode.	50
La Pluie et le beau Temps.	50
La Maîtresse de Maison.	50
L'Expiation.	50
La Fille à Nicolas.	50
Paris à Cheval.	50

PIÈCES EN VENTE DE LA MOSAÏQUE.

Une Chambrée de Savoyards.	30
L'Homme qui tue sa femme.	30
Le Garçon d'écurie.	40
La Descente de la Courtille.	30
La Paix ou la guerre.	30
Hassan, drame.	40
Tonino le savetier drame.	40
La Mère Saint-Martin, prologue	30
Le Retour de Saint-Hélène, à-prop.	30
Les vieilles amours.	30
C'est ma chambre.	30
Un premier ténor.	30
Le Docteur de Saint-Brice, drame.	40
Les Invalides, vaudeville.	30
L'habit fait le moine.	30
Un jeu de dominos.	40
L'Esclave.	30
Mazarin, comédie.	30
Le Lierre et l'Ormeau.	30
Dernier vœu de l'Empereur.	50
Premières et dernières amours.	40
La belle Tourneuse.	50
Le Boulevart du crime.	40
Anita la Bohémienne.	50
Le Bourreau des crânes.	40
Les Bains à quatre sous.	50
Mariette, com.-vaud.	40
La Pipe à coup.	30
Les Grisettes en Afrique.	50
Le Début de Cartouche, com.-v.	40
L'auberge de Chantilly, vaud.	40
Benoît, drame.	50
Le Lazaret, vaudeville	50
Une Leçon d'actrice, comédie.	50
Les Noces de Jocrisse, fo.-vaud.	40
Un Secret de femme, dra.-vaud.	40
La peur du mal, com.	30
L'Opium et le Champagne, chinoi.	50
Le tribun de Palerme, drame.	30
Qui se ressemble se gêne, c.-v.	40
L'Écuyer tranchant, com.	30
Les deux Joseph, com.-vaud.	40
Les Comédiens et les Marionnettes.	50
Les quatre quartiers de la Lune.	30
Les fables de la Fontaine, vaud.	50
Au Vert galant, com.	50
Arlequin, pantomime.	30
Mon Rival, com.-vaud.	30
Farine et Charbon, com.-vaud.	30
Un Droit d'Aînesse, com.-vaud.	30
Un Rêve de mariée, com.-vaud.	40
Un ménage de garçon, com.-vaud.	40
L'acte Mortuaire, drame.	50
Abd-el-Kader à Paris, vaud.	40
Jean de Bourgogne, drame.	50
Éloi l'innocent, drame.	50
L'amour à l'aveuglette, vaud	50
La mère Gigogne, vaud.	40
La belle Françoise, vaud.	40
La Sainte-Catherine	50
L'École des Fauvettes.	50
Le Roi des Goguettes.	50

ON TROUVE A LA MÊME ADRESSE :

Le Corrégidor de Pampelune.	40
Le Saut périlleux.	50
L'Étudiant marié.	50
Un Miracle de l'Amour.	50
Les Femmes et le Secret.	50
Le Zéro.	40
Les trois Femmes.	50
Lady Henriette.	50
Les Caravanes d'Ulysse.	40
Estelle et Némorin.	50
Les jolies Filles du Maroc.	50
Mlle Bruscambille.	40
Un Souper sous la Régence.	40
Paris à la Campagne.	60
Trois Femmes trois Secrets.	40

Chez le même éditeur, une édition de LA BIBLE, de LEMAISTRE de SACY, 3 vol. in-8°, avec 60 grav. sur acier. Prix : 24 f.
Œuvres complètes de CAMILLE BERNAY, 1 vol. format Charpentier. Prix 3 fr.

Impr. de Mme de Lacombe, rue d'Enghien, 12.

www.ingramcontent.com/pod-product-compliance
Lightning Source LLC
Chambersburg PA
CBHW070703050426
42451CB00008B/468
* 9 7 8 2 0 1 3 7 2 0 3 1 1 *